Roland Lampe

FONTANE ALLERORTEN

Roland Lampe

FONTANE ALLERORTEN

Eine Spurensuche in Berlin und Brandenburg

vbb

Summa Summarum

Eine kleine Stellung, ein kleiner Orden
(Fast wär' ich auch mal Hofrat geworden),
Ein bißchen Namen, ein bißchen Ehre,
Eine Tochter „geprüft", ein Sohn im Heere,
Mit siebzig 'ne Jubiläumsfeier,
Artikel im Brockhaus und im Meyer …
Altpreußischer Durchschnitt. Summa Summarum,
Es dreht sich immer um Lirum, Larum
Um Lirum Larum Löffelstiel,
Alles in allem – es war nicht viel.

Theodor Fontane

INHALT

28
P
3 X
Bürgerküche

VORBEMERKUNG

Als Theodor Fontane 1898 im Alter von 78 Jahren verstarb, war er ein zwar bekannter, aber keineswegs berühmter oder vielfach gewürdigter Schriftsteller. Kein Gedanke daran, dass einmal eine Straße, ein Platz, eine Schule – er selbst war nicht der fleißigste Schüler –, ein Restaurant, eine Buchhandlung, eine Apotheke oder sogar eine medizinische Hochschule nach ihm benannt werden würden.

Heute, im Jahr seines 200. Geburtstages, sieht die Sache anders aus. Nicht nur Straßen und Apotheken, Denkmäler und Brunnen, Hotels und Pensionen, Wanderwege und Literaturpreise tragen seinen Namen, sondern auch ein Schiff, ein Fisch und ein Mineralwasser. Aber auch an Kuriositäten mangelt es nicht: Man kann Fontane essen – den Fontaneschmaus –, in einen Fontane-Imbiss einkehren oder sich einen Miniatur-Plastik-Fontane auf den Schreibtisch stellen.

Begeben wir uns zu Orten – insbesondere, aber nicht nur – in Brandenburg und Berlin, die sich auf den großen Schriftsteller beziehen und damit sein Andenken bewahren.

Fassadenschmuck mit Fontane – in Ludwigsfelde …

… und in Hennigsdorf

STRASSEN UND PLÄTZE

Wer sich durch Berlin und Brandenburg bewegt, wird unweigerlich irgendwann durch eine Fontanestraße fahren oder laufen, in einem Fontanehof stehen oder einen gleichnamigen Platz überqueren. Im Norden des Landes finden wir in Perleberg die Theodor-Fontane-Straße. Sie liegt etwas abseits des Zentrums im Südosten der Stadt, in der Nähe befinden sich immerhin die Agentur für Arbeit, das Krankenhaus Prignitz und die Verwaltung des Landkreises. Und der märkische Poet ist nicht allein, die angrenzenden Straßen wurden nach Heinrich von Kleist, Gottfried Keller und Heinrich Heine benannt. Nicht selten der Fall, dass in einem Viertel viele oder alle Straßen Dichternamen tragen, deshalb nennt man es auch „Dichterviertel". Vermutlich sind die Bewohner dort lesefreudiger als in anderen Gegenden, da man sich den Namensgebern verpflichtet fühlt, oder man wählt, da man schon immer gern gelesen hat, für sein neues Zuhause eine Dichterstraße aus. Das wäre ja mal was.

Zurück zu Fontane. Natürlich gibt es in Neuglobsow eine Straße mit seinem Namen, spielt sein Roman *Der Stechlin* doch hier in der Nähe, auch wenn Dorf und Schloss Stechlin, die Handlungsorte, Fiktion sind. Die Fontanestraße verläuft parallel zum Glashüttenweg – in Neuglobsow wurde einmal grünes Tafelglas hergestellt – und mündet in die Stechlinseestraße, die wiederum zum Stechlinsee führt. An der Fontanestraße in Neuglobsow liegt auch die Gaststätte Fontanehaus, in der man ein Gericht mit Fontanes Namen verspeisen kann, doch davon später.

In Schwedt an der Oder existierte eine Theodor-Fontane-Straße im Neubauviertel Am Waldrand; sie war eine Querstraße des Schillerrings. Im Zuge des Stadtumbaus aufgrund der sinkenden Einwohnerzahl erfolgte in den Jahren 2006/07 der Rückbau der gesamten Bebauung. Seit 2011 wird hier aufgeforstet, das hätte dem märkischen Wanderer bestimmt gefallen.

Eine Fontanestraße entdecken wir in Templin und einen Fontaneweg in Kyritz und in Zehdenick. Ein wenig undankbar sind die Granseer, hat Fontane doch im September 1873 die Stadt besucht und in einer Nachauflage des Bandes *Die Grafschaft Ruppin* seiner *Wanderungen durch die Mark Brandenburg* 1875 voller Sympathie beschrieben. Nachdem er die Warte, das Waldemartor, die Marienkirche – „die von keiner in der Grafschaft übertroffen wird“[1] – und das Luisen-Denkmal besichtigt hatte, fand er „gegen Abend hin und bei niedergehender Sonne“ noch Gelegenheit, einen „Rundgang“ zu machen. Hier erschließt sich einem „die ganze landschaftliche Lieblichkeit einer kleinen märkischen Stadt. Nach der einen Seite hin, in breiter Fläche, Wasser, Wald und Wiese, nach der andern aber, im Schatten alten Mauerwerks, eine stattliche Reihe von Blumenbeeten und, eingeschoben in diese, jener von weißen und schwarzen Kreuzen überragte Garten [der Friedhof, R. L.], der beflissen ist, uns mit Flieder-

Fontanes Geburtshaus in Neuruppin

duft und Vogelsang über die Bitterkeit des Scheidens hinwegzutäuschen.“[2]

In Neuruppin, der „Fontanestadt“, wo der Schriftsteller am 30. Dezember 1819 das Licht der Welt erblickte, mündet die relativ kurze Fontanestraße in die größere Heinrich-Heine-Straße, und im Ortsteil Alt Ruppin ist der Fontaneweg auch nicht gerade ein Boulevard. Eine markante Erscheinung ist hingegen der Fontaneplatz im Zentrum der Stadt mit dem bekannten Fontanedenkmal.

Das Geburtshaus, in dem Fontanes Vater Louis Henri (auch: Henry) die heute noch existierende Löwen-Apotheke betrieb, steht in der Karl-Marx-Straße. Karl Marx war nur ein Jahr älter als Fontane. Ob er dessen Bücher kannte? Und ob sie sich in London einmal begegnet sind, wo Marx seit 1849 im Exil lebte und Fontane 1852 als Korrespondent für die „Zentralstelle für Presseangelegenheiten“ der preußischen Regierung bzw. von 1856 bis 1859 als Presseagent des preußischen Gesandten arbeitete?

Abstecher ins Mecklenburgische nach Waren an der Müritz. Hier hielten sich Theodor Fontane, seine Frau Emilie und Tochter Martha, genannt Mete, im Sommer 1896 dreieinhalb Wochen lang in der Villa Zwick in der Tannenstraße auf. Im Dezember 1899 kaufte sein Schwiegersohn, der Architekt Prof. Dr. Karl Emil Otto Fritsch (1838–1915), die Nachbarvilla und baute sie um. Fritsch und Martha Fontane – das Paar hatte im Januar 1899 geheiratet – nutzten das Haus zunächst als Sommerwohnung, um später ständig darin zu wohnen. Martha starb hier 1917 nach einem Sturz aus dem Fenster. Die Tannenstraße, spätere Villenstraße, heißt seit 1946 Fontanestraße. Die Fritsch-Villa steht noch (Hausnummer 8), sie wird heute von mehreren Mietparteien bewohnt.

Fest „in Fontanehand“ sind der Nordosten und Osten Brandenburgs, in denen der märkische Wanderer häufig unterwegs war. In Lebus geht von der Hauptstraße, der Frankfurter Straße, die Fontanestraße ab, der sich – als Name einmalig – das Fontaneeck anschließt. In Bad Freienwalde, dem Fontane

Die Villa von Martha Fontane und Karl E. O. Fritsch in der heutigen Fontanestraße in Waren (Müritz)

ein eigenes Kapitel in seinem *Wanderungen*-Band *Das Oderland* widmete und in dessen heutigem Ortsteil Schiffmühle sein Vater seine letzten Lebensjahre verbrachte, finden wir im Kurviertel neben der Fontanestraße einen Fontaneplatz, im benachbarten Falkenberg (Mark) ebenfalls, nur dass es hier ein Fontaneweg ist.

Relativ kurz und schmal ist die Fontanestraße in Frankfurt (Oder). Da sind die Frankfurt-Mainer, die ansonsten auf ihren Goethe schwören, großzügiger gewesen, hier wird die Fontanestraße von einer Fontaneanlage flankiert.

Fontanestraßen entdecken wir auch in Strausberg und in Letschin, wo Fontane einen Teil seiner Apothekerausbildung in der Apotheke seines Vaters absolvierte. Der Letschiner Fontanepark wurde von 1797 bis 1926 als Friedhof genutzt. Ab 1970 erfolgte die Umgestaltung unter fachlicher Anleitung von Kurt Kretschmann, dem Naturschützer aus Bad Freienwalde. Ziel war die Schaffung einer grünen Oase, die „gleichzeitig Kulturstätte und Kunstort“[3] sein sollte. Die Arbeiten leisteten die Einwohner selbst mit Hilfe der örtlichen Betriebe (Landwirtschaftliche Produktions- und Bäuerliche Handelsgenossenschaft, VEB Straßenbau); die Pflege wurde bis 1991 über Patenschaften realisiert. Außergewöhnlich viele seltene exotische Arten, insbesondere Bienenweide-Gehölze und 320 Stauden, wurden gepflanzt. Ein Volkspark entstand, in dem man Imkerfeste feierte und Musikkonzerten lauschte. 2008 sanierte die Firma Scheffler aus Podelzig den Park im Auftrag der Gemeinde. Dafür standen 50 000 Euro zur Verfügung. Heute wird er als Einzeldenkmal im Verzeichnis der Denkmale des Landes Brandenburg geführt.

In Buckow, der Perle der Märkischen Schweiz („Buckow hat einen freundlichen Klang hierlands, ähnlich wie Freienwalde, und bei bloßer Nennung des Namens steigen freundliche Landschaftsbilder auf …“[4]), trägt ein Weg den Namen des Dichters.

Haben wir Prenzlau und Angermünde vergessen? In beiden Städten sind keine Straßen, Wege oder Plätze nach Theodor Fontane benannt. In Prenzlau lebte in seinen letzten Jahren Bernhard von Lepel, Fontanes jahrzehntelanger Freund, an den dort aber auch nichts erinnert. In Angermünde beginnen die Augen eher zu leuchten, wenn von Ehm Welk die Rede ist; der Autor der *Heiden von Kummerow* und *Gerechten von Kummerow* wurde im nahen Biesenbrow geboren. Dass Theodor Fontane und Ehm Welk sich vertragen können, beweist Oderberg, hier liegen der Fontane- und der Ehm-Welk-Platz dicht und friedlich nebeneinander.

In Rathenow und in Premnitz im Westen des Bundeslandes liegen die Fontanestraßen – wer entscheidet eigentlich, ob eine Straße Fontanestraße, Fontaneweg oder Theodor-Fontane-Straße heißt? – recht zentral, in Brandenburg an der Havel ist sie Teil der Magistrale, die die Altstadt umrundet.

In Nauen finden wir beides, den Fontaneweg in der Stadt Nauen und die Theodor-Fontane-Straße im Ortsteil Ribbeck. Das ist aber kein bürokratisches Versehen, sondern der Tatsache geschuldet, dass Ribbeck erst 2003 nach Nauen eingemeindet wurde. Und Ribbeck ohne eine Straße, die an Fontane erinnert, das geht gar nicht, machte er den Ort doch 1889 mit seiner Ballade vom *Herrn von Ribbeck auf Ribbeck im Havelland* über den dort wachsenden Birnbaum berühmt. Der Baum wurde 1911 von einem Sturm umgeworfen, seitdem erfolgten zwei Neupflanzungen.

Ein weiterer Abstecher, diesmal nach Thale, Wernigerode und Burg in Sachsen-Anhalt. In den beiden Harz-Städten verbrachte Fontane mehrmals seinen Sommerurlaub. In Wernigerode, wo die Theodor-Fontane-Straße ins Gewerbegebiet Stadtfeld führt, von 1878 bis 1881, und im Luftkurort Thale, wo er sich im Hotel Zehnpfund und im Hubertusbad einquartierte, zwischen 1868 und 1884 sechsmal. Aber was heißt Urlaub, der Schriftsteller legte nie die Feder aus der Hand, das konnte er sich finanziell gar nicht leisten, sondern nutzte die Zeit fern von Berlin und der Familie zum Schreiben und Korrigieren. In Wernigerode entstand die Novelle *Ellernklipp* und in Thale der Roman *Cécile*. Die Stadt dankte es ihm mit einem Theodor-Fontane-Ring. In Burg bei Magdeburg arbeitete er 1840 für drei Monate als Apothekerprovisor in der Adler-Apotheke am Markt, „kam in der Stadt gut aus“ und beschwerte sich nur über eins: „grausame Langeweile“.[5] Die Burger Theodor-Fontane-Straße liegt in der Nähe des Geländes der Landesgartenschau 2018.

Straßenbenennung nach Fontane in Nauen (l.) und in Ribbeck (r.)

Fontanestraße und -siedlung in Hennigsdorf

Bevor wir in Berlin eintreten, den Ort, in dem Fontane am liebsten und am längsten wohnte, umrunden wir ihn. In Glindow bei Werder und in Ketzin an der Havel entdecken wir eine kleine, bescheidene Fontane- bzw. Theodor-Fontane-Straße, in Falkensee hingegen eine stattliche Fontaneallee, die auf den Falkenhagener See zuläuft.

In Hennigsdorf, das der Schriftsteller vermutlich nie betreten hat, durchschneidet die Fontanestraße die Stadt von Nord nach Süd; ein wenig wie der Altarm eines Flusses wirkt die Alte Fontanestraße am Bahndamm, die von ihr abzweigt. Die Fontanesiedlung in Hennigsdorf besteht aus 13 zweigeschossigen Wohngebäuden, die 1927/28 als Werkswohnungen für das Stahlwerk errichtet wurden und sich mit jeweils vier Wohnungen in offener Bauweise um einen Anger gruppieren. Neu gebaut werden gerade die Fontanehöfe im Zentrum der Stadt.

Klein, aber fein – der Fontaneweg in Birkenwerder

Oranienburg, dessen Schloss Theodor Fontane 1861 besuchte und detailliert in *Havelland*, dem dritten Teil der *Wanderungen*, beschrieb („Unmittelbar vor uns aber, nur durch die Breite des Platzes von uns getrennt, ragt der alte Schloßbau auf, dessen Bild und dessen Geschichte uns heut beschäftigen soll.“[6]), hat sich hingegen noch nicht wirklich für ihn erklärt.

Das trifft auch auf Potsdam zu, das zwar mit Schriftstellerstraßen gesegnet ist, aber eine Fontanestraße existiert nur in den Ortsteilen Neu Fahrland und Babelsberg Nord, eine Theodor-Fontane-Straße in Groß Glienicke. Dafür beherbergt die Landeshauptstadt ja auch das Theodor-Fontane-Archiv, das geistige Zentrum aller Fontanekenner und -forscher.

In Birkenwerder gibt es einen Fontaneweg und in Hohen Neuendorf eine Fontanestraße, in Bernau wieder beides: den Weg im Ortsteil Schönow, die Straße in Eichwerder. In Erkner finden wir einen Theodor-Fontane-Weg, der nicht zufäl-

Im Bunde mit Goethe in Hohen Neuendorf

lig, vermuten wir, via Woltersdorf (mit Fontanestraße!) nach Rüdersdorf führt, wo der Schriftsteller den Juli und August des Jahres 1887 im südlich gelegenen Seebad am Kalksee verbrachte. Die Rüdersdorfer Fontanestraße liegt allerdings im Norden des Ortes an der Landstraße in Richtung Schöneiche (auch hier, wer hätt's gedacht, eine Fontanestraße).

In Königs Wusterhausen und in Teltow im Süden von Berlin kann man durch eine Fontanestraße fahren, spazieren, schlendern oder laufen, in Rangsdorf durch den Fontaneweg und in Zeuthen durch die Fontaneallee. Königs Wusterhausen, Rangsdorf und Zeuthen haben außerdem einen Fontaneplatz.

In Zeuthen am Ufer des gleichnamigen Sees lag das Wirtshaus Hankels Ablage, einer der Schauplätze in *Irrungen, Wirrungen* und zugleich der Aufenthaltsort des Dichters, als er 1884 an diesem Roman schrieb:

Noch mehr Benennungen: in Königs Wusterhausen (o. l.), in Ludwigsfelde (o. r.), in Neuruppin (u. l.) und in Zeuthen (u. r.)

> Mir geht es passabel, was ich einer vorläufigen Sommerfrische, die ich in „Hankels Ablage" nahm, zuschreibe. Hankels Ablage liegt an der Görlitzer Bahn, halben Wegs zwischen Schmökwitz und K. Wusterhausen. Ich war 14 Tage da und habe nie einen beßren Sommer-Aufenthalt gehabt: still, himmlische Luft, Wasser und Wald, ausreichende Verpflegung und freundliche Leute. Was will man mehr!
>
> *An Bernhard von Lepel, 27. Mai 1884*[7]

Ganz groß kommt Fontane in Schönefeld bzw. in Neu-Schönefeld in Flughafennähe heraus. Für knapp 70 Millionen Euro entstehen derzeit in Neu-Schönefeld in der Theodor-Fontane-Allee zwölf viergeschossige Gebäudekomplexe – die Fontane-Höfe – mit insgesamt 334 Mietwohnungen und einer

Gesamtwohnfläche von 22 400 Quadratmetern. „Das Projekt ist eines der größten privaten Mietwohnungsbauprojekte Brandenburgs. Ende Juni war der erste Spatenstich im Beisein von Ministerpräsident Dietmar Woidke (SPD) begangen worden“, hieß es im September 2017 in der *Märkischen Allgemeinen*. „Feierlich wurde die Zeitkapsel versenkt sowie ein Meilenstein mit Informationen zum Namensgeber Fontane und dem Bauherren enthüllt.“

Seit 1833, da war er vierzehn Jahre alt, also fast 65 Jahre lang, lebte Fontane in Berlin. Einmal nur hielt er sich von 1855 bis Januar 1859 für längere Zeit und aus beruflichen Gründen in London auf. In der preußischen Hauptstadt schloss er seine Ausbildung zum Apotheker ab, hier war er ab 1844 Mitglied des literarischen Vereins „Tunnel über der Spree“, hier heiratete er 1850 seine Verlobte Emilie Rouanet-Kummer (1824–1902), hier wurden seine drei Söhne George, Theodor jun. und Friedrich sowie seine Tochter Martha geboren, hier schrieb und veröffentlichte er die meisten seiner Romane, darunter die sogenannten Berliner Romane (unter anderem *L'Adultera* 1882, *Stine* 1890, *Frau Jenny Treibel* 1893), hier starb er schließlich 1898.

Heute finden wir in der Stadt acht Fontanestraßen, einen Fontaneplatz (in Tiergarten, vor dem Weinhaus Huth), einen Fontanehof (Wohnanlage in Oberschöneweide, 1924 bis 1930 entstanden, 2001 saniert) und eine Fontanepromenade in Kreuzberg.

Zum Vergleich: Acht Goethestraßen, ein Goethepark, sieben Schillerstraßen, ein Schillerring, zwei Schillerpromenaden, ein Schillerplatz, ein Schillerhof. Gleichstand also ungefähr, leichter Vorsprung Schiller.

Mit der Fontanepromenade wurde übrigens am 30. April 1899, nur wenige Monate nach dem Tod des Dichters, zum ersten Mal ein „landgebundenes Verkehrsbauwerk“ von der Berliner Verwaltung mit seinem Namen versehen.

Doch hat es nicht bereits zu Lebzeiten Fontanes eine Straße in Steglitz-Lichterfelde gegeben, die auf ihn Bezug nahm? Tatsächlich existierte dort seit circa 1890 eine Fontanestraße,

Berliner Fontanestraßen in Wilhelmsruh (o. l.), Neukölln (o. r.) und die Fontanepromenade in Kreuzberg (unten)

und in einem Brief Theodor Fontanes an seinen Sohn vom 11. September 1890 heißt es: „Die Fontane-Straße in Steglitz hat mich doch amüsiert, auch hat es sozusagen einen soliden Nachruhmswerth, solider als eine Viertelseite in irgendeiner Literaturgeschichte. Straßennamen leben meist sehr lange.“[8] In diesem Falle kam es nach achtzig Jahren zur Umbenennung. Seit 1971 trägt die Straße den Namen des Werkstoffkundlers Adolf Martens (1850–1914).

Keine der Straßen im heutigen Berlin, in denen die Fontanes wohnten, ist nach ihm benannt: Puttkamerstraße 1850/51, Luisenstraße 1851 bis 1855, Bellevuestraße 1856/57, Tempelhofer Straße (jetzt Mehringdamm) 1859 bis 1862, Alte Jakobstraße 1862/63, Hirschelstraße (spätere Königgrätzer, heutige Stresemannstraße) 1863 bis 1872 und Potsdamer Straße.

Am 3. Oktober 1872 bezog Theodor Fontane mit Frau und Tochter Martha seine letzte Wohnung im sogenannten Johanniter-Haus in der Potsdamer Straße 134 c. Das graue Haus mit Vorgarten lag auf der Ostseite der Straße, zwischen Eichhornstraße und Potsdamer Platz, auf dem Grundstück der heutigen Staatsbibliothek, und trug seit 1899 eine Gedenktafel. Es musste 1906 einem Geschäftshaus Platz machen, das im Jahr 1938 die Hausnummer 15 erhielt und im Zweiten Weltkrieg den Bomben zum Opfer fiel. Die „mehr als einfachen Wohnräume“ lagen im obersten dritten Stock rechts. Fontane wohnte hier bis zu seinem Tod am 20. September 1898.

Je südlicher von Berlin, desto geringer die Anzahl der Benennungen. Fontanestraßen gibt es in Bad Belzig, in Luckenwalde, in Trebbin im Ortsteil Thyrow und in Beeskow, Theodor-Fontane-Straßen in Treuenbrietzen, in Ludwigsfelde (bis 1993 Straße der Jungen Pioniere), in Storkow (Mark) und in Lübben, das Fontane während einer Spreewaldreise 1859 besucht hatte. Sie führen aber allesamt ein eher beschauliches Dasein. In Cottbus sei der Fontaneplatz in der Südstadt erwähnt.

Eine Besonderheit weist Beeskow auf. Die hiesige Rouanetstraße ist benannt nach dem französischen Soldaten, Erzieher, Beamten und Schriftsteller Jean Pierre Barthélemy Rouanet, einem Vorfahren von Emilie Rouanet-Kummer, der späteren Ehefrau von Theodor Fontane. Er starb 1837 in Beeskow. Martha Fontane gab 1904 seine Lebenserinnerungen im Verlag des jüngsten Fontanesohnes Friedrich unter dem Titel *Von Toulouse bis Beeskow* heraus.

Etwa südlich der Linie Bad Belzig-Cottbus endet das Fontaneland, erst im sächsischen Leipzig, wo der Dichter von April 1841 bis März 1842 als Apothekergehilfe arbeitete, finden wir wieder eine Fontanestraße.

SCHULEN, APOTHEKEN, BUCHHANDLUNGEN UND BIBLIOTHEKEN, KITAS UND SENIOREN-ZENTREN UND EIN EINKAUFSCENTER

Dass eine Vielzahl von Schulen und anderen Weiterbildungseinrichtungen in Berlin und Brandenburg nach Theodor Fontane benannt ist, verwundert nicht. Den heutigen jungen Menschen ist er ein großes Vorbild, und sie wollen alle so fleißig lernen wie er. Doch Scherz beiseite, die Wahrheit ist: Fontane war alles andere als ein vorbildlicher Schüler, was aber auch den Umständen geschuldet war.

Zunächst ging Fontane in die Klippschule (Grundschule) in Neuruppin. Ab 1827 erhielt er in Swinemünde, wohin die Familie aus wirtschaftlichen Gründen gezogen war, Privatunterricht beim Vater, der vorwiegend aus dem Erzählen von Anekdoten und der Empfehlung historischer Romane bestand. Ab 1832 besuchte er die Quarta, die vierte Klasse des Friedrich-Wilhelm-Gymnasiums in Neuruppin.

> Was ich dahin mitbrachte, war etwa das folgende: Lesen, Schreiben, Rechnen; biblische Geschichte, römische und deutsche Kaiser; Entdeckung von Amerika, Cortez, Pizarro; Napoleon und seine Marschälle; die Schlacht bei Navarino, Bombardement von Algier, Grochow und Ostrolenka; Pfeffel's Tabakspfeife, Holtei's Mantellied und beinah sämmtliche Schillersche Balladen. Das war, einschließlich einiger lateinischer Brocken, so ziemlich alles und im Grunde bin ich nicht recht darüber hinaus gekommen. Einige Lücken wurden wohl zugestopft, aber alles blieb zufällig und ungeordnet, und das berühmte Wort vom „Stückwerk" traf, auf Lebenszeit, buchstäblich und in besonderer Hochgradigkeit bei mir zu,[9]

erinnert sich Fontane in seinem 1893 erschienenen autobiografischen Buch *Meine Kinderjahre*.

1833 wurde er von seinen Eltern nach Berlin geschickt, wohnte dort in der Großen Hamburger Straße bei „Tante Pinchen“ und „Onkel August“, einem Halbbruder seines Vaters, und begann in der Friedrichswerderschen Gewerbeschule in der Niederwallstraße zu lernen. Am 1. Oktober 1833 vermerkte der Direktor der Gewerbeschule Karl Friedrich Klöden handschriftlich im Aufnahmebuch unter der Nummer 676 den Eintritt des Schülers Theodor Heinrich Fontane aus Neuruppin, im Alter von 13 ½ Jahren. Als Vater war Apotheker Fontane angegeben und als Wohnung Wallstraße 73 bei Badke. Das Einschreibegeld betrug drei Reichstaler. Der Lateinschüler Fontane wurde der dritten Klasse zugeteilt. Freilich wurde er auch hier kein besserer Schüler.

Ich war Ostern in eine höhere Klasse versetzt worden und hatte den aufrichtigen Willen, fleißig und ordentlich zu sein. Aber es kam nicht dazu. Nach dieser Seite ging mir immer alles verquer, oft ohne jede Schuld von meiner Seite. So wenigstens war es diesmal. Onkel August kam um Pfingsten auf die Idee, ganz in Nähe von Berlin eine Sommerwohnung zu mieten, und wählte dazu das eine gute Viertelstunde vor dem Oranienburger Tor gelegene Liesensche Lokal oder, wie man damals sagte: „bei Liesens“. [...]

Die Folge dieser „Liesenschen Sommerfrische“ war denn auch, daß ich mehr und mehr in Bummelei verfiel und mich daran gewöhnte, die erste Stunde von acht bis neun zu schwänzen, was sehr gut ging, weil der französische Professor, der an wenigstens drei Schulen Unterricht gab, sich den Teufel darum kümmerte, wer da war und wer nicht. Und wie der Löwe, wenn er erst Blut geleckt, nicht säuberlich innehält, so war auch mir bald die Stunde von acht bis neun viel zuwenig, und binnen kurzem hatt' ich es dahin gebracht, mich halbe Wochen lang in und außerhalb der Stadt herumzutreiben.[10]

1836 schloss Fontane trotzdem an der Gewerbeschule seine Schulausbildung mit dem „Einjährigen“ ab, der in etwa dem heutigen Realschulabschluss entspricht.

Fontaneschulen allerorten: in Hennigsdorf, Bad Freienwalde und Neuruppin (von oben nach unten)

Fontaneschulen bzw. Theodor-Fontane-Schulen gibt es heute unter anderem in Potsdam, in Ludwigsfelde, in Bad Freienwalde, in Fürstenwalde, in Brandenburg an der Havel, in Ketzin, in Neuruppin (auch die „Fonte" genannt), in Cottbus, in Niederlehme, in Menz, in Letschin und in Berlin-Tiergarten.

Die Grundschule Theodor Fontane in Hennigsdorf wurde 1980 eröffnet, sie hieß bis 1989 „Werner Lamberz"*. Auf der Website der Schule hat jemand das Leben des Schriftstellers auf den Punkt gebracht:

> Erst mit knapp 60 Jahren entschied sich Fontane, alle Arbeitsstellen an den Nagel zu hängen und nur noch Bücher zu schreiben. Das war mit einem Risiko verbunden. Denn er konnte nicht wissen, ob seine Bücher gut verkauft werden und ob er damit ausreichend Geld zum Leben verdienen würde. Doch das war ihm egal. Er wollte endlich das tun, wonach er sich sein ganzes Leben lang gesehnt hatte. Jetzt begann seine wichtigste Schriftstellerarbeit.[11]

Hier, vor dem Hennigsdorfer Schulgebäude, kann man eine Büste des Dichters betrachten.

Außerhalb der Landesgrenzen stehen Fontaneschulen in Arendsee in Sachsen-Anhalt und in Dobbertin in Mecklenburg-Vorpommern auf dem Gelände des Klosters, in dem Fontanes Vertraute und Briefpartnerin Mathilde von Rohr von 1869 bis zu ihrem Tod 1889 lebte, aber auch an „exotischen" Orten wie Leverkusen und Herbern in Nordrhein-Westfalen.

Was Gymnasien in Berlin und Brandenburg betrifft, so hält oder hielt man sich lieber an Goethe (allein dreimal Namens-

* Mitglied des Politbüros der SED, kam 1978 bei einem Hubschrauberabsturz in Libyen ums Leben.

Grundschule
Theodor Fontane
THEODOR – FONTANE – GRUNDSCHULE
ERB. 1899

geber in Berlin) und Schiller; Fontane-Gymnasien finden wir lediglich in Strausberg und in Rangsdorf. Das Gymnasium in Neuruppin trägt den Namen des anderen „großen Sohnes“ der Stadt, des Architekten Karl Friedrich Schinkel; die oben erwähnte „Fonte“ in der Artur-Becker-Straße im Süden der Stadt ist eine „Ganztagsschule mit praxisnaher Berufsorientierung“.

Auffallend wieder Beeskow in Gestalt des Rouanet-Gymnasiums. Seit April 2016 verfügt es über einen Neubau, das „Haus Emilie“, so benannt nach Emilie Fontane. Das Gebäude hat nur drei Unterrichtsräume im Erdgeschoss für den Fachbereich Deutsch und unterscheidet sich äußerlich durch Farbe und Material stark von den anderen Gebäuden der Schule. Besonderheiten sind die sehr großen Fenster sowie der breite Gang und die innere Gestaltung. Aufgrund der Betonwände und des schwarzen Äußeren wird das Gebäude von Schülern manchmal auch als „Deutschbunker“ bezeichnet.

Die Benennung einer Apotheke oder auch eines Krankenhauses mit Fontanes Namen liegt nahe, hatte er doch, bevor er Schriftsteller wurde, mit dem des Apothekers einen „richtigen“ Beruf erlernt.

Bereits sein Vater Louis Henri (1796–1867) war Apotheker. Er übernahm 1819, im Geburtsjahr seines Sohnes, die Löwen-Apotheke in Neuruppin (heute auch: Fontane-Haus), musste sie aber 1826 zur Begleichung von Spielschulden wieder verkaufen und zog mit der Familie im darauffolgenden Jahr nach Swinemünde, dem heutigen Świnoujście in Polen. Ab 1838 betrieb er, nach einem Zwischenstopp in Mühlberg an der Elbe, eine Apotheke in Letschin im Oderbruch.

Die Apotheke in Letschin übernahm Louis Henri Fontane im August 1838 von einem Herrn Altmann. Im Oktober 1850 verkaufte er sie an seinen Schwiegersohn Hermann Sommerfeldt, der, wie sein Schwiegervater, zwölf Jahre im Besitz des Geschäftes blieb. Ein Brand zerstörte 1866 das Gebäude. Der damalige Besitzer Maire ließ 1867 das noch heute bestehende Apothekengebäude errichten, das später noch erweitert wurde. Seit 1930 trägt die Apotheke den Namen Fontanes.

Apotheken mit Fontanes Namen in Waren (o. l.), in Königs Wusterhausen (o. r.), in Letschin (u. l.) und in Ludwigsfelde (u. r.)

Nach dem Abschluss der Lehre in der Apotheke Zum weißen Schwan von Wilhelm Rose in Berlin, die er von 1836 bis 1840 absolvierte, trat der junge Fontane seine erste Stelle als Apothekergehilfe in Burg bei Magdeburg an; es folgten Tätigkeiten in der Apotheke Zum weißen Adler in der Hainstraße in Leipzig, in der Salomonis-Apotheke in Dresden, in der väterlichen Apotheke in Letschin und schließlich wieder in Berlin in der Polnischen Apotheke, Ecke Friedrich-/Mittelstraße, und in der Apotheke Zum schwarzen Adler, Ecke Neue König-/Georgenkirchstraße. Im März 1847 erhielt er seine Approbation als „Apotheker erster Klasse".

Zum Abschluss seiner Apothekerkarriere arbeitete Fontane vom 15. September 1848 bis 30. September 1849 in der Apotheke des Krankenhauses Bethanien in Kreuzberg und bereitete zwei Diakonissen auf ihre Prüfungen zur Apothekerin vor.

Bethanien war von 1845 bis 1847 im Auftrag König Friedrich Wilhelms IV. von Theodor Stein nach den Plänen von Ludwig Persius als Diakonissenanstalt und Lehrkrankenhaus erbaut worden. Bis 1970 fungierte es als Krankenhaus, wurde dann von der Kirche für zehneinhalb Millionen DM an das Land Berlin verkauft und sollte dem Wohnungsbau und einem Altenheim weichen. Darüber gab es heftige öffentliche Kontroversen, Teile des Geländes wurden besetzt. 1973 wurde Bethanien als Künstlerhaus wiedereröffnet. Heute arbeiten dort circa 25 soziale und kulturelle Einrichtungen.

Die historische Theodor-Fontane-Apotheke in Bethanien mit ihrer zum Teil originalen Ausstattung ist eine Einrichtung des FHXB Friedrichshain-Kreuzberg Museums und kann an drei Nachmittagen in der Woche und ansonsten durch eine Glastür im Erdgeschoss des Hauptgebäudes besichtigt werden. Ebenfalls noch existent ist das ehemalige Ärztewohnheim, in dem Fontane während seiner Zeit als Ausbilder unterkam.

Nach seinem Ausscheiden aus Bethanien entschied er sich trotz seiner schlechten finanziellen Lage endgültig gegen den Apothekerberuf und war seitdem, von einem gescheiterten Versuch als Sekretär der Akademie der Künste 1876 abgesehen, als freier Schriftsteller, Korrespondent, Journalist, Theaterkritiker und Herausgeber tätig.

Wie viele Fontane-Apotheken es – neben der historischen in Bethanien und den bereits erwähnten in Neuruppin und in Letschin – gibt? Ich habe sie nicht gezählt, stellvertretend genannt seien die in Kyritz, in Premnitz, in Brandenburg an der Havel, in Ludwigsfelde und in Luckenwalde sowie im mecklenburgischen Waren (Müritz).

Die Fontane Apotheke in der Langen Straße in der Altstadt von Waren wurde 1990 eröffnet. Zuvor befand sich in dem Gebäude eine Fontane Buchhandlung. Da die neue Besitzerin

Die historische Theodor-Fontane-Apotheke im ehemaligen Krankenhaus Bethanien Fotos: Ellen Röhner/FHXB Friedrichshain-Kreuzberg Museum

gern die Bücher des Schriftstellers las und er Apotheker war, beschloss sie (nach Auskunft der Tochter und heutigen Besitzerin), den Namen für ihre Apotheke beizubehalten.

In Berlin finden wir Fontane-Apotheken im Neuköllner Ortsteil Buckow, in Charlottenburg und in Johannisthal.

Wo Apotheken sind, da sind auch Krankenhäuser und Kliniken. Die Fontane-Klinik in Motzen bei Mittenwalde südlich von Berlin ist eine psychosomatische Fachklinik, hier werden Abhängigkeitserkrankungen behandelt. Auf ihrer Website begründet das „Fontane-Team", weshalb es sich für diesen Namen entschieden hat:

> Es ist kein Zufall, dass unser Namenspatron der große Dichter und Schriftsteller Theodor Fontane [...] ist. Nicht allein sein Geburtsort oder seine „Wanderungen durch die Mark Brandenburg", der zeitlose Spiegel unserer schönen Kulturlandschaft, haben unsere Wahl inspiriert. Vielmehr sind es seine Sichtweisen, geprägt von Geistesschärfe und großer Menschlichkeit, die wir uns zum Vorbild genommen haben. Die Wirklichkeitsverpflichtung des poetischen Realisten und begnadeten Darstellers von Mensch und Natur sowie sein Bestreben, ohne große Worte, ohne Pose, ohne übertriebene Romantik zu erfassen, „was die Menschen eigentlich interessiert".[12]

Verwirrung gibt es zurzeit darüber, ob die Fontane-Klinik überhaupt zu Motzen und damit zur Stadt Mittenwalde oder zu Groß Köris und damit zum Amt Schenkenländchen gehört. Die Gewerbeanmeldung lief laut Auskunft der Klinik „über Motzen", man sei als „Fontane-Klinik Motzen" etabliert und fühle sich dem Ort zugehörig (*Märkische Allgemeine*, 29. Januar 2015). Andererseits gehört das Grundstück in der Fontanestraße, auf dem 1994 die Fachklinik errichtet wurde, offiziell zum benachbarten Groß Köris. Ein angestrebter Gebietsaustausch ist bislang gescheitert.

In der Medizinischen Hochschule Brandenburg Theodor Fontane (MHB), der ersten und bislang einzigen Medizini-

Die Medizinische Hochschule Brandenburg, die Fontanes Namen trägt, wurde 2014 gegründet

schen Hochschule des Bundeslandes, werden Ärzte und Psychologen ausgebildet. Sie wurde 2014 gegründet. Die drei Hochschulkliniken sind die Ruppiner Kliniken in Neuruppin, das Städtische Klinikum in der Stadt Brandenburg an der Havel und das Immanuel Klinikum in Bernau.

Nach Auskunft der Pressestelle in Neuruppin fiel die Wahl der Gründungsväter der Hochschule auf Fontane, weil er gebürtiger Neuruppiner und Apotheker war. Den Studierenden sei es aber egal, ob ihre Schule nach Fontane, nach Schinkel oder nach wem auch immer benannt worden sei, ihnen ginge es allein um ihren Abschluss.

Fontane-Bibliotheken und -Buchhandlungen gibt es wie Sand am Meer – sollte man meinen. Tatsächlich existieren nur ein Fontane-Antiquariat in Berlin-Schöneberg und eine Bibliothek ohne Namen im Fontane-Haus im Märkischen Viertel, Berlin-Reinickendorf. Die Fontane-Bibliothek in Marzahn-Ost wurde 1985 eröffnet und 2001 geschlossen.

Die Fontane-Buchhandlung in Neuruppin

Fontane-Bibliothek wird auch der Bestand an Büchern in der Fontane-Sammlung des Bankiers Paul Hermann Emden (1882–1953) genannt. Der 1927 von Emden mitbegründete Fontane-Abend in Berlin hatte dessen Sammlung erworben und 1930 der Berliner Universitätsbibliothek gestiftet. Unter den fast 350 Bänden der Fontane-Bibliothek befinden sich (Erst-)Ausgaben der Werke Fontanes sowie spezielle Sekundärliteratur.

Eine Buchhandlung, die nach Fontane benannt ist, entdecken wir lediglich in Neuruppin. Die Fontane-Buchhandlung befindet sich dort seit 2006 „in wohl idealer Lage“, wie es auf ihrer Website heißt, direkt neben dem Gebäude der Löwen-Apotheke, dem Geburtshaus des Dichters. Es liegt also nahe, dass ein Spezialgebiet der Buchhandlung Bücher

Das Fontane-Haus in Berlin-Reinickendorf

von und über Theodor Fontane und über die brandenburgische bzw. preußische Geschichte ist.

Das Fontane-Haus im Märkischen Viertel beherbergt neben der Bibliothek und einer Graphothek (Kunstsammlung des Bezirks Reinickendorf zum Ausleihen) einen Veranstaltungssaal mit bis zu 1000 Plätzen und ein Bürgeramt. Insgesamt finden hier nach eigenen Angaben etwa 180 bis 200 Veranstaltungen im Jahr statt.

Ein „Fontanehaus" ist auch das kleine Haus in Schiffmühle bei Bad Freienwalde, das Louis Henri Fontane 1855 erworben hatte. Theodor Fontane besuchte ihn hier mehrere Male; von seinem letzten Besuch – der Vater starb 1867 und wurde auf dem nahen Bergfriedhof in Neutornow beigesetzt – erzählt er in einem Kapitel seines Erinnerungsbuches *Meine Kinderjahre*:

> Ich hatte mich, wie gewöhnlich, bei ihm angemeldet, machte zunächst die reizende Fahrt bis Eberswalde per Bahn, dann die reizendere bis Freienwalde selbst in einem offenen Wagen und schritt nun auf einem von alten Weiden eingefaßten Damm auf Schiffmühle zu, dessen blanke rote Dächer ich gleich beim Heraustreten aus der Stadt vor Augen hatte. Der Weg war nicht weiter als eine gute halbe Stunde, Rapsfelder links und rechts, einzelne mit Storchnestern besetzte Gehöfte weit über die Niederung hin verstreut und als Abschluß des Bildes jene schon erwähnte, jenseits der alten Oder ansteigende Reihe von Sandbergen. Als ich bis in Nähe der Brücke war, war natürlich auch die Frage da: „Wie wirst du den Alten finden?“[13]

Heute sind in dem sanierten Fachwerkhäuschen vis-à-vis der Alten Oder die ständige Ausstellung *Fontane im Oderbruch*, die

Schiffmühle: Hier verbrachte Fontanes Vater seine letzten Lebensjahre

Hier ist Louis Henri Fontane begraben – auf dem Friedhof von Neutornow

Heimatstube von Schiffmühle und neuerdings auch ein kleines Apothekenmuseum untergebracht. Sogar aus dem Brunnen im Garten kann seit 2015 wieder wie zu Louis Henris Zeiten Wasser mit der Hand gepumpt werden.

Ein recht munteres Örtchen, das dem Namensgeber sicherlich gefallen hätte, ist der Fontane-Klub in der Stadt Brandenburg. Er beherbergt diverse Veranstaltungsräume, in denen Konzerte, Lesungen, Theater-, Comedy- und Kabarettaufführungen stattfinden. Man kann zudem das Fontane-Kino und die Fontanebar, auch „Fonte" genannt, besuchen. „Knapp eineinhalb Monate mussten die Brandenburger auf ihre beliebte Szenekneipe am Salzhofufer verzichten, am Donnerstag öffnet das Fonte an der Jahrtausendbrücke erstmals seit dem jüngst vollzogenen Betreiberwechsel", meldete die *Märkische Allgemeine* am 26. September 2016. Zum urigen Brauhauscharakter trügen nun die in Backsteinoptik gestalteten Säulen im Saal bei, und auf dem schwarzen Hintergrund des DJ-Pultes sei ein weißes Panorama der Stadt Brandenburg zu sehen.

Hier residieren die Neuruppiner „Fontaneknirpse"

Der Scala-Kulturpalast in der Eisenbahnstraße in Werder (Havel) wurde bis 2000 unter dem Namen „Fontane Lichtspiele" als Kino betrieben. Ein Kino existiert in dem denkmalgeschützten Gebäude seit 1940. Heute (seit 2015) finden dort nicht nur Filmaufführungen, sondern auch Konzerte, Satireabende, Lesungen, Reisevorträge und Sportübertragungen statt. Der Fontane-Saal mit 200 Plätzen, einer Bühne und sechs Logen erinnert nach wie vor an den Dichter.

In westfälischen Paderborn liegt in der Fontanestraße die städtische Kita „Fontane". Fontane und Paderborn? Der märkische Wanderer hat nicht nur Reisen durch und nach Westfalen unternommen und eine Reihe westfälischer Bekannter gehabt, auch seine Schwiegertochter Martha Soldmann, die Frau seines Sohnes Theodor jun., stammte von dort, aus Münster, um genau zu sein. Außerdem war Fontane eine Zeitlang Korrespondent der *Westfälischen Zeitung* des Paderborner Verlegers Wilhelm Crüwell.

Den Preis für die originellste Namensnennung – noch vor der „Fontebar" und dem „Fontaneschmaus" – erhält eine

Kindertagesstätte in der Eisenbahnstraße in Neuruppin. Dort sind seit 2014 in den ehemaligen Räumen des Kreiswehrersatzamtes die „Fontaneknirpse" zu Hause. „Die ‚Fontaneknirpse' sollen weniger Konkurrenz zu anderen Kindereinrichtungen sein, eher eine Ergänzung", erklärte Heinz Eichler vom Internationalen Bund (IB), Betreiber der Kita, zur Eröffnung. „Die Kinder können sich jeden Tag selbst aussuchen, was sie tun wollen: basteln, Sport treiben, sich an einer Werkbank ausprobieren oder vielleicht beim Kochen helfen. Die Erzieher haben so die Chance zu sehen, wer welche Fähigkeiten schon hat und wo es noch ein bisschen hapert."[14] Wer möchte da nicht seinen Lebenslauf als Fontaneknirps beginnen? Na gut, immerhin habe ich's zum „Rungeschüler" gebracht.* Unlängst entdeckte ich in Berlin-Pankow die Kita „Uhlandzwerge". Auch nicht schlecht. Da behaupte noch einer, die jungen Leute heutzutage würden sich nicht mehr für Literatur interessieren.

Seinen Lebensabend verbringen kann man im Seniorenheim Haus Fontane in Wittstock, im Seniorenheim Theodor Fontane in Beeskow und im gleichnamigen Seniorenzentrum in Oderberg.

In Burg bei Magdeburg hat die TSV Einheit Burg genau an der Stelle, an der einst die Adler-Apotheke stand, in der der junge Fontane im Herbst 1840 angestellt war, eine Begegnungsstätte im Senioren-Block der Wobau (Wohnungsbaugesellschaft) eingerichtet und sie Fontane-Eck genannt. Der größte Sportverein der Stadt möchte dort „zusammen mit der Wobau ein vielseitiges Angebot für Behinderte, Senioren und andere interessierte Bürger vorhalten. Angedacht sind Gymnastik-Angebote, Vorträge, Kulturabende und vieles mehr. Hier soll auch der Burger Stadtseniorenrat regelmäßig zusammenkommen." (*Volksstimme*, 23. September 2014)

Im Casa Reha Seniorenpflegeheim Fontanehof in Ludwigsfelde steht „im Garten, in Erinnerung an den Namens-

* Friedlieb Ferdinand Runge (1794–1867), Chemiker und Erfinder in Oranienburg.

Der Baum selbst wollte nicht fotografiert werden …

paten des Hauses, ein schöner Birnbaum, in dessen Schatten man es sich gemütlich machen kann"*.

Apropos Seniorenheime oder -treffs: Theodor Fontane arbeitete auch im hohen Alter, eine Rente oder Pension bekam er nicht. Bis zuletzt schrieb und korrigierte er seinen Roman *Der Stechlin*. Das Erscheinen der Buchausgabe im Oktober 1898 im Verlag seines Sohnes Friedrich, F. Fontane & Co., erlebte er allerdings nicht mehr.

> Zu meiner großen Freude bin ich mit den letzten drei, vier Korrekturbogen meines zum Herbst erscheinenden Romans früher fertig geworden, als ich annahm. Wohl der letzte – „laß, Vater, genug sein des grausamen Spiels …"
>
> *An Erich Sello, 26. August 1898*[15]

* So steht es jedenfalls auf der Website des Hauses. Als ich den Baum im Juni 2018 besuchte, war er noch so klein und schmal, dass er keinen Schatten werfen konnte.

Shoppingmeile: das Fontane-Center in Königs Wusterhausen

Kommen wir am Schluss dieses Kapitels zu den geistig-kulturellen Zentren modernen Lebens, den Einkaufszentren. Das Fontane-Center in Königs Wusterhausen lädt zum Kaufen seiner Bücher ein, ebenso das Fontane Center (ohne Bindestrich) im Dresdner Stadtteil Klotzsche. Hier in Dresden, wo Fontane 1842 als Apothekergehilfe arbeitete und Ostern 1848 seinen Freund Wilhelm Wolfsohn besuchte, soll er Vater zweier unehelicher Kinder geworden sein.

GASTSTÄTTEN, HOTELS, PENSIONEN UND EINE THERME

Obwohl in Theodor Fontanes Romanen gut und gern gegessen wird, war er selbst kein Gourmet, „kein Fresser vom Fach“[16], wie er sich selbst ausdrückte. Ein Stück Fisch oder Fleisch, viel Kaffee, hin und wieder ein Glas Wein (vor allem bei körperlichem Unwohlsein), das war's auch schon an kulinarischen Genüssen. Die Umstände waren auch nicht danach. Während er in England wenigstens „Hammelbraten und Eier, Speckschnitte und geröstetes Weißbrot“[17] bekam, war Brandenburg, das er viele Jahre durchreiste, im 19. Jahrhundert alles andere als ein Schlemmerparadies.

Wie's heute dort aussieht, das mag jeder selbst entscheiden; mit Fisch und Fleisch kann man nach wie vor nichts falsch machen. Mühe gibt man sich auf jeden Fall, und die heimischen Wirte wissen es zu schätzen, dass Fontane Brandenburg mit seinen *Wanderungen* über die Landesgrenzen hinaus bekannt machte. Man dankt es ihm, indem man sich nach ihm benennt.

> Empfiehl mich der Frau Gräfin und freue Dich der Rosen und der Hammelcoteletts; diese sind noch wichtiger als jene. Die Verpflegungsfrage ist für den Kulturmenschen eigentlich das Wichtigste; die Gesundheit hängt gewiß dran und fast auch die Moral.
>
> *An die Tochter Martha Fontane, 30. September 1894*[18]

Einkehren kann man zum Beispiel in die Fontaneklause in Petzow bei Werder, ins Restaurant Fontane des Seehotels Zeuthen, ins Café Theodor in Ribbeck, ins Café Fontane in Lübbenau im Spreewald und ins Fontanehaus in Neuglobsow am Stechlinsee.

Die Fontaneklause in Petzow befindet sich in der Zelterstraße und wird – Korrektur – nicht in einem Wort und ohne Bindestrich geschrieben: „Fontane Klause" also. Hier kann man sich seine Traumhochzeit in der nahen Petzower Kirche gestalten lassen und anschließend in der Klause feiern, aber auch Geburtstags-, Betriebs- und Weihnachtsfeiern werden ausgerichtet. Auf der Speisekarte stehen im Frühling Spargel, im Sommer Fisch, im Herbst Pfifferlinge und im Winter Wildgerichte und Gänsebraten. Der Spruch auf der Website der Klause stammt allerdings nicht von Fontane, sondern von Goethe: „Warum stehen Sie davor?/Ist nicht Türe da und Tor?/Kämen Sie getrost herein,/würden wohl empfangen sein."

Das Seehotel in Zeuthen mit dem Restaurant Fontane liegt in der Nähe von Hankels Ablage. Die Küche verspricht den „frischen Genuss der ‚Neuen Brandenburgischen Küche' mit saisonal wechselnder Karte". Im Hotel gibt's auch eine Bar mit dem Namen Theos. Und eine Bibliothek, die aber weniger zum Lesen oder zu Lesungen einlädt, sondern eher zu „Meetings, Familienfeiern und Geschäftsessen im kleinen Kreis". Es sei denn, bei der Gelegenheit werden Gedichte von Fontane rezitiert.

Eine Institution in Neuglobsow, dem ehemaligen Glasmacherdorf, ist die Gaststätte und Pension Fontanehaus in der Fontanestraße; sie liegt mit einer Front an der Stechlinseestraße, die zum Stechlinsee führt, der von Fontane in seinen *Wanderungen* und in seinem Roman *Der Stechlin* beschrieben wurde.

Im Norden der Grafschaft Ruppin, hart an der mecklenburgischen Grenze, zieht sich von dem Städtchen Gransee bis nach Rheinsberg hin (und noch darüber hinaus) eine mehrere Meilen lange Seenkette durch eine menschenarme, nur hie und da mit ein paar alten Dörfern, sonst aber ausschließlich mit Förstereien, Glas- und Teeröfen besetzte Waldung. Einer der Seen, die diese Seenkette bilden, heißt „der Stechlin". Zwischen flachen, nur an einer einzigen Stelle steil und quaiartig ansteigenden Ufern liegt er da, rundum von alten Buchen

Eine Institution: das Fontanehaus in Neuglobsow

eingefaßt, deren Zweige, von ihrer eignen Schwere nach unten gezogen, den See mit ihrer Spitze berühren. Hie und da wächst ein weniges von Schilf und Binsen auf, aber kein Kahn zieht seine Furchen, kein Vogel singt, und nur selten, daß ein Habicht drüber hinfliegt und seinen Schatten auf die Spiegelfläche wirft. Alles still hier. Und doch, von Zeit zu Zeit wird es an ebendieser Stelle lebendig. Das ist, wenn es weit draußen in der Welt, sei's auf Island, sei's auf Java zu rollen und zu grollen beginnt oder gar der Aschenregen der hawaiischen Vulkane bis weit auf die Südsee hinausgetrieben wird. Dann regt sich's auch h i e r, und ein Wasserstrahl springt auf und sinkt wieder in die Tiefe. Das wissen alle, die den Stechlin umwohnen, und wenn sie davon sprechen, so setzen sie wohl auch hinzu: „Das mit dem Wasserstrahl, das ist nur das Kleine,

Fontane zum Reinbeißen: der „Fontaneschmaus"

> das beinah Alltägliche; wenn's aber draußen was Großes gibt, wie vor hundert Jahren in Lissabon, dann brodelt's hier nicht bloß und sprudelt und strudelt, dann steigt statt des Wasserstrahls ein roter Hahn auf und kräht laut in die Lande hinein."
> Das ist der Stechlin, der S e e Stechlin.[19]

Das Fontanehaus, ein Fachwerkhaus, entwickelte sich aus einer einstigen Glasmacherhütte, in der aber früher bereits eine Schänke betrieben wurde. Auf der Terrasse kann man unter einer „sagenumwobenen" Linde Platz nehmen. Warum die Linde sagenumwoben ist, wird allerdings nicht erläutert, und auch dass Theodor Fontane „während seiner Besuche in Neuglobsow" unter ihr gesessen haben soll, wie ein Hinweisschild behauptet, ist nicht belegt. Von ihm selbst wissen wir lediglich, dass er 1873, nachdem er zum ersten Mal am Ufer des Stechlinsees gestanden hatte, „auf einem Pürschwagen sitzend", die „Globsower Glashütte" mit den „Wohn- und Arbeitshütten in der schattigen Allee"[20] (heutige Stechlinseestraße) durchfuhr.

Eine hand- oder vielmehr mundfeste Tatsache ist jedoch der „Fontaneschmaus", der in der Wirtschaft serviert wird. Er besteht aus einer geschmorten Rindsroulade, gefüllt mit Speck und Porree, dazu Rotkohl, Kartoffelpüree, und einen gemischten Salatteller. Kostet aktuell 14,90 Euro.

Nicht unumstritten ist in Neuruppin die Benennung zweier Imbisse mit des Dichters Namen: der Fontane Döner in der Fehrbelliner Straße und Fontanes Grill und Curry in der Bilderbogenpassage. Eine ältere Dame, die aus Berlin in die Fontane-Stadt gezogen war, beschwerte sich Anfang 2016 bei der *Märkischen Allgemeinen* und direkt beim Bürgermeister über „diese Art von Werbung". Theodor Fontanes Name werde dadurch verunglimpft.

Raymond Gerorbian, Mitarbeiter bei Fontane Döner, fühlte sich falsch verstanden. „Wir wollten dem Laden einen

Fontane Döner in Neuruppin

Namen geben, der zur Stadt passt", erklärte er gegenüber der Zeitung. „Das soll keine Provokation sein, sondern Werbung für die Stadt." Von seinen Kunden habe er bislang keine Beschwerden über den Namen gehört. Viele seiner Gäste kämen aus den beiden umliegenden Schulen, dem Schinkel-Gymnasium und der Fontane-Oberschule. „Die Schüler behandeln Fontane ja auch im Deutschunterricht, von daher haben sie auch einen Bezug dazu." Er selbst komme ursprünglich aus dem Iran, lebe seit 29 Jahren in Deutschland und fünf Jahre davon in Neuruppin.

Ur-Neuruppiner ist hingegen Stefan Zabel, der im September 2014 Fontanes Grill und Curry in der Altstadt eröffnete. „Am Ende kann man es nicht allen recht machen", ist seine Meinung. Jeder Mensch setze seine Prioritäten eben anders. An allen Wänden des kleinen Restaurants hat er gerahmte Zitate von Fontane aufgehängt. Für ihn habe der Name etwas mit Identifikation zu tun.

Im Rathaus versuchte man neutral zu bleiben. „Wir können die Irritation der alten Dame ein Stück weit nachvollziehen", antwortete Rathaussprecherin Michaela Ott auf die Frage der *Märkischen Allgemeinen.*[21] Juristisch spreche allerdings nichts dagegen, einen Imbiss nach Fontane zu benennen. Es sei der Stadt nach Rücksprache mit der Gewerbefachaufsicht und dem Handelsregister keine Rechtsvorschrift bekannt, wonach die Bezeichnungen unzulässig wären. Demnach könne sie auch nicht dagegen vorgehen.

Das Café Theodor erinnert in Ribbeck, zumindest dem Namen nach, an den Dichter. Es liegt direkt an der Hauptstraße, der Alten Hamburger Straße, und ist sehr kinderfreundlich, das heißt es gibt einen hauseigenen Spielplatz. Jeden Samstag und Sonntag wird hier ein Kuchenbuffet mit hausgemachtem Blechkuchen angeboten. Sehr zu empfehlen ist, wie in den anderen Cafés des Ortes auch, der Birnenstreusel.

Das Restaurant Fontane in Ribbeck, nur wenige Meter entfernt an der gleichen Straße gelegen, existiert nicht mehr, doch allein die noch vorhandene Gestaltung der Fassade ist einen Stopp wert.

Kinderfreundlich: das Café Theodor in Ribbeck

Ein Café Fontane entdecken wir in der Ehm-Welk-Straße in der Altstadt von Lübbenau im Spreewald und ein Restaurant Fontane im Hotel ARTE in Schwerin in Mecklenburg-Vorpommern.

Etwas Besonderes hat das „Theodor-Fontane-Zimmer", ein Gastraum für 60 Personen im ehemaligen Schlosskrug und heutigen Ristorante Il Castello in Berlin-Buch, zu bieten: eine gestaltete Wand, die an den Besuch des Dichters im Ort inklusive Übernachtung am 16./17. Juni 1860 erinnert. Die Wandgestalter umkleideten vier historische Fotomotive aus Buch mit Texten seiner Schilderungen und Eindrücke – nachzulesen auch im Band *Oderland* der *Wanderungen*, Abschnitt „Buch" – und fügten eine Fotografie des damals Vierzigjährigen hinzu.

Fontane mit Pferd: das ehemalige Restaurant Fontane in Ribbeck

> Es war neun, als wir aus dem Park in das Wirtshaus zurückkehrten und uns an den gedeckten Tisch setzten, der unsrer schon wartete. Bald danach erschien auch die Magd, um unser Nachtlager herzurichten. Ein paar nach oben gekehrte Stühle gaben die Schrägung, eine Schütte Stroh ward ausgebreitet, und zwei große rote Deckbetten, deren jedes mich an eine dicke, wulstige Päonie [Pfingstrose, R. L.] gemahnte, vollendeten den Hoch- und Tiefbau, darin wir eine halbe Stunde später versanken.[22]

Im Luftkurort Altenbrak, der „Perle im Bodetal im Harz", werden das Café und die Pension Theodor Fontane betrieben. In Wernigerode und in Thale verbrachte der Schriftsteller mehrere längere Arbeitsurlaube. Hier im Harz spielt auch der Roman *Cécile* (1887), der das Schicksal einer jungen Frau behandelt, die immer wieder von ihrer Vergangenheit eingeholt wird und schließlich daran zerbricht.

Ein Erholungsurlaub, wie wir ihn heute kennen, kam für den freischaffenden Schriftsteller Theodor Fontane nicht in Frage. Egal, ob er 1858 durch Schottland, 1874 nach Italien, 1882 und 1883 an die Nordsee oder in den 1880er- und 1890er-Jahren nach Schlesien reiste, immer waren zu korrigierende Manuskripte oder das Notizbuch dabei, immer war das Gesehene und Erlebte Stoff für zu schreibende Bücher.

Häufig schrieb er diese Bücher während seiner „Sommerfrischen" in der Nähe von Berlin, in Rüdersdorf, in Zeuthen oder eben im Harz. „Gearbeitet wird freilich wieder werden müssen", heißt es 1871 in einem Brief an Mathilde von Rohr vor einer Fahrt nach Warnemünde. „Ein ‚ausspannen' ist einem nun mal nicht beschieden vor jenem letzten, dem kein anspannen und weiterkutschieren folgt."[23]

Die Kinder wurden in den Ferien zu befreundeten Familien geschickt, Emilie erholte sich bei ihrer Freundin Johanna Treutler in Neuhof bei Liegnitz (heute Nowa Wieś Legnicka in Polen). Lediglich am Ende ihres Lebens absolvierten die Fontanes auch Kuren, in Bad Kissingen und in Karlsbad zum Beispiel.

In der Nähe des Flughafens in Berlin-Schönefeld liegt das Airporthotel Fontane Berlin mit 174 Zimmern, Apartments und Suiten. (Da hätte man auch gleich den neuen Flughafen nach ihm benennen können …) Interessant auch hier eine Bibliothek mit 400 Büchern.

Ein attraktives Feriendomizil mit 122 Doppelzimmern, fünf Suiten, zehn Ferienhäusern, Tagungsmöglichkeiten, Restaurants und 55 Bootsliegeplätzen befindet sich in Petzow bei Werder am Schwielowsee, doch nicht die Anlage selbst, das Resort Schwielowsee, sondern ihre Betreiberin trägt den Namen des Schriftstellers: Theodor Fontane Besitz- und Betriebsgesellschaft mbH (TFBB). Ende November 2015 eröffnete das zuständige Amtsgericht Potsdam das Insolvenzverfahren gegen das Unternehmen, nachdem es immer wieder in die Schlagzeilen geraten war, unter anderem wegen der Rückzahlung bzw. Nichtrückzahlung staatlicher Fördermittel. Mitte 2017 wurde ein neuer Betreiber gefunden, der das Resort Anfang 2018 übernahm, die Precise Hotel Collection.

Eine Nummer kleiner, aber nicht minder exklusiv ist die Ferienwohnung „Theodor Fontane" innerhalb des Refugiums am See in Teupitz am Teupitzer See. „Sie wohnen im Erdgeschoss eines 2012 fertig gestellten exklusiven Architektenhauses", heißt es im Info-Flyer. „‚Theodor Fontane' bietet Ihnen ein ganz besonderes Ambiente, das Sie naturnah entspannen lässt. Die großzügigen Fensterflächen der 83 qm großen Ferienwohnung sorgen für lichtdurchflutete Räume. Die dem See zugewandte Seite ist komplett bodentief verglast. Die Fußbodenheizung sorgt für wohlige Wärme. Die Ferienwohnung wurde für Rollstuhlfahrer geplant. Deshalb gibt es viel Platz für bequemes Bewegen in allen Räumen, auf die 25 qm große Terrasse gelangen Sie ohne Schwellenhindernis. Der Weg zum See hat ein Gefälle unter 6 Prozent. Der Steg ist bei 1,20 m Breite sicher zu befahren." Die beiden anderen Ferienwohnungen des Refugiums heißen „Kurt Tucholsky" und „Bettine von Arnim".

> Während der ersten anderthalb Meilen haben wir noch Chaussee, deren Pappeln, soviel die Mitternacht eine Musterung gestattet, nicht anders aussehen als andern Orts, und erst bei Morgengrauen biegen wir nach links hin in die tiefen Sandgeleise der recht eigentlichen Teupitzer Gegend ein. Es ist ein ausgesprochenes Heideland, mehr oder weniger unsern Weddingpartien verwandt, wie sie vor hundert oder auch noch vor fünfzig Jahren waren. Selbst die Namen klingen ähnlich: „Sandkrug, Spiesberg" und „der hungrige Wolf". Immer dieselben alten und wohlbekannten Elemente: See und Sand und Kiefer und Kussel; aber so gleichartig die Dinge selber sind, so apart ist doch ihre Gruppierung in dieser Teupitzer Gegend.[24]

Weitere Unterkünfte, die Fontanes Namen tragen, sind das Zimmer „Fontane" im Dachgeschoss des Hotels Stobbermühle in Buckow in der Märkischen Schweiz und die beiden

Die Fontane Therme in Neuruppin

„Fontanezimmer“ auf der Nordseeinsel Norderney, in dem der Dichter sich dreimal aufhielt.

In Neuruppin, Fontanes Geburtsstadt, kann sich der Erholungsbedürftige im Resort Mark Brandenburg, einem Wellnesshotel am Ruppiner See, sogar in eine Fontane Therme begeben. „Bei uns werden Sie in unterschiedlichen Varianten gewärmt: Zunächst die Herzenswärme, mit der unsere Mitarbeiter Sie empfangen, betreuen und verwöhnen. Und dann ist da noch die Saunalandschaft, die ihres gleichen sucht und Sie zum Schwitzen bringen wird“, verspricht die Werbung.

Auf den entsprechenden Seiten sind allerdings auch negative Bewertungen zu finden; ein Besucher beschwerte sich zum Beispiel darüber, dass er im Bistro für einen „verwelkten Wildkräutersalat und ein alkoholfreies Bier“ 20 Euro zu bezahlen hatte, ein anderer mokierte sich über die „Bibliothek“ – er setzte das Wort tatsächlich in Anführungszeichen –, „voller alter Kamellen“. Damit wird er doch hoffentlich keine Fontane-Romane gemeint haben?

Dann lieber gleich weiter weg? Fontane Bianche Beach Club, so lautet der Name eines kleinen Hotels im Ferienort Fontane Bianche auf Sizilien, circa 15 Kilometer südlich von Syrakus. Der hat allerdings nichts mit Fontane zu tun. Fontane Bianche heißt wörtlich übersetzt „weißer Brunnen“. „Die Küste von Fontane Bianche besteht aus felsigen Abschnitten mit türkisblauem Wasser sowie hellgoldigen Sandstränden von feiner Qualität. Man hat hier also die Qual der Wahl, den passenden Strand für seinen persönlichen Geschmack zu finden“, lockt die Reisewerbung.[25]

WANDERWEGE UND EIN NATURDENKMAL

Gemeinhin wird angenommen, dass Theodor Fontane ein Wanderer gewesen sei, der auf Schusters Rappen die Mark Brandenburg durchstreifte. Das stimmt so nicht, die allermeisten Erkundungen unternahm er mit öffentlichen Verkehrsmitteln, das waren damals Postkutschen oder gemietete Wagen und später die Bahn. Häufig hatte er für eine seiner *Wanderungen durch die Mark Brandenburg* nur einen Tag oder ein Wochenende zur Verfügung und musste den Reiseverlauf sehr genau planen.

Zu den *Wanderungen* zählen *Die Grafschaft Ruppin*, 1862 erstmals veröffentlicht, *Das Oderland* (1863), *Havelland* (1873) und *Spreeland* (1882). Eine „historische Spezialarbeit", nicht unmittelbar zu den *Wanderungen* gehörend, nannte Fontane *Fünf Schlösser* (1889). Postum erschienen sind *Dörfer und Flecken im Lande Ruppin* und *Das Ländchen Friesack und die Bredows*.

Heute gibt es eine Reihe von Fontanewegen bzw. Fontanewanderwegen, die auf seinen Spuren durch das Gebiet der ehemaligen Mark Brandenburg führen. Die ersten sechs Wege wurden zum 90. Todestag des Dichters 1988, also noch zu DDR-Zeiten, definiert, ausgeschildert und soweit erschlossen, dass sie als Wanderwege an ein überregionales Wanderwegenetz angeschlossen werden konnten.

Die bisher zusammengestellten Routen bilden keine authentischen Touren ab, wie sie Fontane in dieser Form unternahm. Es ist auch nicht in jedem Fall bekannt, welche Wege genau er seinerzeit beging. Ferner sind einige Strecken nach der Zerteilung der Landschaft durch Eisenbahnlinien und Autobahnen nicht mehr vorhanden. Insofern stellen die Fontanewege zum Teil willkürliche Verknüpfungen zwischen in den *Wanderungen* beschriebenen Orten und Landmarken dar, die nach heutigen Gegebenheiten gebildet wurden und möglichst landschaftlich ansprechende Wegführungen abseits der Straßen bieten.

Wegweiser in Neuglobsow am Stechlin

Fontane machte bei seinen Touren einen Bogen um Berlin. Dass Abschnitte der heutigen Fontanewege dennoch durch Teile Berlins führen, liegt daran, dass diese Berliner Ortsteile zu seiner Zeit zur Provinz Brandenburg gehörten und erst 1920 mit der Bildung Groß-Berlins in die Hauptstadt eingemeindet wurden.

Guter Rath

An einem Sommermorgen
Da nimm den Wanderstab,
Es fallen deine Sorgen
Wie Nebel von dir ab.

[…]

Rings Blüthen nur und Triebe
Und Halme von Segen schwer!
Dir ist als zöge die Liebe
Des Weges nebenher. […] [26]

Strophe aus Fontanes berühmtem Gedicht *Guter Rath* am Fontanehaus in Neuglobsow

Die Fontanewege sind zu erkennen am Kürzel F: F1 bis F6. Nicht zu verwechseln mit den TF-Rad-Routen in Teltow-Fläming, insbesondere TF4 und TF5, hier steht das TF für Teltow-Fläming und nicht für Theodor Fontane. Für die drei Rad-Rundwege TF1, TF2 und TF3 im Landkreis Märkisch-Oderland war wiederum der Dichter Namensgeber.

Der Fontaneweg F1 – Markierung roter Balken, auf den Schildern zumeist ein Fontanekopf – beginnt am S-Bahnhof Berlin-Köpenick und führt durch die Altstadt zum Müggelsee.

Im Kapitel „Der Müggelsee“ des Bandes *Spreeland* der *Wanderungen* schreibt Fontane:

> Es freut das Herz, so an der Müggel zu sitzen und die leise Musik von Wald und Wasser um sich her, die Stunden zu verträumen. Die Sonne sinkt und das Bild, das beim ersten Anblick [...] eine gewisse Monotonie zeigte, gewinnt mehr und mehr Gewalt über uns und spinnt uns in den alten Müggelzauber ein.[27]

Nach dem Passieren des Landschaftsschutzgebietes Neue Wiesen und des Wendenschlosses sowie der Fahrt mit der Fähre über den Langen See nach Berlin-Grünau endet der F1 am S-Bahnhof Grünau.

Der Fontaneweg F2 bildet den direkten Anschluss an den ersten Weg ab S-Bahnhof Grünau und ist etwa 22 Kilometer lang. Er führt am Langen See (Karolinenhof) vorbei in das Land Brandenburg. An der Wegstrecke liegt der Zeuthener See nahe Eichwalde, das Naturschutzgebiet Höllengrund, Zeuthen und Wildau, bis das Ziel, Königs Wusterhausen mit dem Jagdschloss des Soldatenkönigs Friedrich Wilhelm I., erreicht ist. Königs Wusterhausen besuchte Fontane im Juni 1862 auf seiner Pfingstfahrt in den Teltow und widmete dem ehemaligen Wendisch-Wusterhausen und dem Schloss im Band *Spreeland* ein Kapitel.

Den F3 finden wir westlich Berlins (Groß Glienicke-Neu Fahrland-Marquardt), der F4 verbindet in einem Dreiviertel-Rundkurs südlich der Hauptstadt Mittenwalde mit Berlin-Lichterfelde, der F5 in einem Rundkurs Teltow, Kleinmachnow und Stahnsdorf.

Der F6 rund um den Schwielowsee bei Potsdam ist auch als Radwanderweg ausgelegt. Im Kapitel „Der Schwielow und seine Umgebungen“ des Bandes *Havelland* beschreibt Fontane ausführlich den See und die umliegenden Orte Caputh, Petzow, Geltow, Baumgartenbrück, Werder und Glindow.

Auf www.fontanewege.de werden die Fontanewege F1 bis F6 detailliert dargestellt, der Streckverlauf wird ständig aktualisiert.

Auf Fontanes Spuren lässt es sich nicht nur wandern …

Friedrich Fontane gab in seinem Verlag im Auftrag verschiedener Wandervereine auch Wanderführer und Karten der näheren Umgebung Berlins heraus. 1892 erschien zum Beispiel *Fontane's Führer durch die Umgegend Berlins. Nach eigenen Erfahrungen bearbeitet und herausgegeben vom Touristen-Club für die Mark Brandenburg* und 1894 *Fontane's Neuste Spezial-Karte vom Grunewald 1:50.000*. Theodor Fontane war nachdrücklich einverstanden mit dieser verlegerischen Entscheidung seines Sohnes und hielt sie für eine glückliche Idee.

Welches von Beiden

Rom im Siebenhügelkranz,
Cremmen, Schwante, Vehlefanz,
Nemi-See, Genzano-Sträußchen,
Stralau, Treptow, Eierhäuschen,
Blick aufs Forum, Ara Celi,
Tasse Kaffee bei Stehely,
Lockt auch Fremde, Schönheit, Pracht,
Glücklicher hat mich die Heimat gemacht.[28]

Neben den Fontanewegen rund um Berlin gibt es diverse andere Wanderwege, die den Namen des Schriftstellers tragen.

Der Theodor-Fontane-Wanderweg im Naturpark Märkische Schweiz – Markierung: gelber Punkt – ist etwa sieben Kilometer lang und führt als Rundweg von Buckow entlang des Sophienfließes durch sumpfige und dicht bewaldete Quellgebiete zur Wurzelfichte. Der fast 200 Jahre alte Baum, ein Wahrzeichen Buckows, existiert allerdings heute nur noch als Stumpf, er wurde am 18./19. Januar 2007 durch den Sturm „Kyrill“ gefällt. Nach dem Passieren der Drachenkehle, einer Schlucht, und dem Besteigen des Krugbergs, der mit 129 Metern höchsten Erhebung des Naturparks, kehrt man durch das Naturschutzgebiet Stobbertal schließlich nach Buckow zurück.

Rund um den Tornowsee in der Ruppiner Schweiz – nicht zu verwechseln mit dem Großen und Kleinen Tornowsee in der Märkischen Schweiz – geht es auf dem Fontanewanderweg nördlich von Neuruppin. Am Weg liegen unter anderem die Boltenmühle und der Weiler Rottstiel.

> Die Schweize werden immer kleiner, und so gibt es nicht bloß mehr eine Märkische, sondern bereits auch eine Ruppiner Schweiz, der es übrigens, wenn man ein freundlich-aufmerksames Auge mitbringt, weder an Schönheit noch an unterscheidenden Zügen fehlt. Sie besitzt beides in ihrem Wasserreichtum. Während Freienwalde dieses Schmuckes beinah völlig entbehrt und Buckow, den großen See zu seinen Füßen abgerechnet, nur zwei kleine Edelsteine von allerdings reinstem Wasser aufweist, sind Fluß und See das eigentliche Lebenselement der Ruppiner Schweiz.[29]

Beim Plauer Fontaneweg handelt es sich um einen kulturgeschichtlichen Rundweg in Plaue bei Brandenburg an der Havel, der das Schlossparkensemble mit seinen ausgedehnten Gartenanlagen erschließt. Das Plauer Schloss ist eines der Brandenburger Schlösser, das Fontane in seinem Band *Fünf Schlösser* (1889) vorstellte.

Der Theodor-Fontane-Fernwanderweg (blauer Balken) führt über circa 110 Kilometer Länge vom Schiffshebewerk Niederfinow nach Frankfurt (Oder). An der Wegstrecke liegen zahlreiche Sehenswürdigkeiten wie Schloss Freienwalde, Schloss Trebnitz, die Bischofsstadt Lebus und die Gedenkstätte Seelower Höhen, bevor die Kleiststadt Frankfurt erreicht wird. Der rund zehn Kilometer lange Abschnitt durch das Waldgebiet zwischen Falkenberg (Mark) und Bad Freienwalde wurde 1951 als erster Naturlehrpfad der DDR angelegt.

Es existiert auch ein Theodor-Fontane-Radweg im östlichen Brandenburg in den Landkreisen Barnim und Märkisch-Oderland, der in drei großen Runden reizvolle Kleinstädte wie Altlandsberg, Oderberg, Bad Freienwalde, Wriezen und Lebus berührt.

Ein Wanderverein, mit dem man diese und andere Wege in Gesellschaft begehen kann, ist der Wanderverein Fontane '91 e. V.,

Auf geht's: der Fontane-Wanderweg bei Falkenberg (Mark)

Mitglied im Berliner Wanderverband. Die Wandertermine werden jährlich in einer Broschüre veröffentlicht.

Die Idee einer Wanderbewegung ist freilich nicht neu. Ihren ersten Höhepunkt erlebte sie in der Romantik. In Deutschland institutionalisierte sich die Bewegung seit Ende des 19. Jahrhunderts unter den Bürgern und schließlich auch Arbeitern. Sie organisierte sich in Wandervereinen und -verbänden. Ihre Arbeit umfasste auch das Anlegen und Auszeichnen von Wanderwegen sowie das Errichten von Schutzhütten und Wanderheimen. Häufig wählte man Theodor Fontane wegen der *Wanderungen durch die Mark Brandenburg* zum „Schutzheiligen".

Wenn Theodor Fontane einen Lieblingsbaum in der Region hatte, dann war es die Ida-Eiche in Falkenberg (Mark) in Märkisch-Oderland. Zwar beschrieb bzw. kannte er auch die Königseiche im Brieselang oder die Silke-Buche („die dicke Silke") bei Groß Schönebeck in der Schorfheide, zudem besang er in einem Gedicht einen Kastanienbaum („Dort unter dem Kastanienbaum/War's einst so wonnig mir,/Der ersten Liebe schönsten Traum/Verträumt' ich dort mit ihr …"[30]), aber die alte Eiche bei Falkenberg schien ihm besonders ans Herz gewachsen zu sein. Die Ida-Eiche, die Fontane in seinen *Wanderungen* Idas-Eiche nennt, liegt etwas außerhalb Falkenbergs auf einer Anhöhe nahe der Gaststätte Mon Choix. Der Stammumfang beträgt 5,74 Meter und die Höhe ungefähr 24 Meter (nach einer Messung 2014).

Fontane besuchte den Baum 1862, im Jahr darauf erschien das Kapitel darüber („Falkenberg") in der ersten Auflage des Bandes *Das Oderland* der *Wanderungen*. Damals konnte man die Eiche noch auf einer Treppe, die sich um den Stamm gewunden haben soll, besteigen, und hatte unterhalb der Krone von einer Plattform aus einen schönen Blick nicht nur ins umliegende Tal, sondern auch weit ins Oderbruch hinein. Der märkische Wanderer geriet hier oben, wie so manches Mal, wenn ihm etwas außergewöhnlich gut gefiel, in eine besondere Stimmung. In der Dämmerstunde

> […] ist diese Plattform ein Balkon, wie ich hierlands auf keinem schöneren gesessen. Aus dem Dunkel des Waldes blinken einzelne Lichter herauf, am Horizonte, jenseits des Bruches, ziehen lichtweiße Streifen und verschwinden wieder – nichts ist wach als der Abendwind, der die Eiche, die uns trägt, in ein leises Schwanken bringt. Und das Geplauder wird stiller und stiller, bis es endlich schweigt. Immer heller funkeln die Sterne, immer weiter wird der Blick, bis endlich, wie aus Bann und Märchenschlummer, erst das Rasseln eines schweren Postwagens und dann das begleitende Posthorn uns weckt, das von der Falkenberger Berglehne her herüberklingt.[31]

Fontane-Eiche, so heißt ein circa 150 Jahre alter Baum (vier Meter Umfang, 21 Meter Höhe) in Zeuthen unmittelbar am Seehotel. Den Namen gab der Volksmund ihm aber erst 1994/95, als er in der Presse laufend Erwähnung fand. Der stattliche Baum sollte einem Neubau auf dem Hotelgelände weichen, der Fällantrag durch den Investor war bereits von den Gemeindevertretern genehmigt worden. Nur durch den

Die Ida-Eiche bei Falkenberg (Mark)

Einsatz des Baumschutzaktivs Zeuthen mit Unterstützung der Medien und durch die Mobilisierung öffentlichen Protestes konnte die Fällung verhindert werden. „Da der Investor aber trotz einer ausbleibenden Fällgenehmigung immer weiter gebaut hatte, standen sich Eiche und Hotelfundament nun unmittelbar gegenüber“, berichtet der Baumschutzaktivist

Joachim Stoff auf der Seite www.nabu-dahmeland.de, und weiter: „Nun kam es leider zu einem Kompromiss, der den als Naturdenkmal unter Schutz gestellten Baum einige seiner stärksten Äste und das Hotel ein Stück seines Gebäudes kostete. Das war wirklich hart am Rande des Erträglichen."

DENKMÄLER UND BÜSTEN, ERINNERUNGSTAFELN UND BRUNNEN

Theodor Fontane ist im Laufe seines langen Schriftstellerlebens nicht gerade mit Ehrungen überhäuft worden, im Gegenteil, häufig beklagte er sich über mangelnde Anerkennung und zu geringe Verkäufe seiner Bücher.

1891 wurde er wegen seiner „Verdienste um die deutsche Dichtkunst" von der Deutschen Schillerstiftung mit einer Ehrengabe von 3000 Mark unterstützt, 1894 verlieh ihm die Philosophische Fakultät der Berliner Friedrich-Wilhelms-Universität (heute Humboldt-Universität) die Ehrendoktorwürde. Das war – neben dem Preußischen Kronenorden IV. Klasse 1867, dem Ritterkreuz der Wendischen Krone 1871 und dem Ritterkreuz des Hohenzollern'schen Hausordens 1888, alle drei wenig bedeutend – auch schon alles. „Die ganze Ordensgeschichte, wenn es nicht ordentlich kommt, hat doch wirklich etwas Kindisches",[32] schrieb er am 3. Juni 1885 an seine Frau.

Und was die Auflage seiner Bücher betraf, so erzielte Fontane erst mit seinen Romanen – insbesondere, als sein Sohn Friedrich sie in seinem Verlag herausbrachte – Achtungserfolge, insbesondere mit *Effi Briest* (1895, sechs Auflagen zu Lebzeiten) und mit den Erinnerungen *Meine Kinderjahre* (1893). Zuvor – und auch noch lange nach seinem Tod – sah man in Fontane lediglich den Balladendichter und den Verfasser der *Wanderungen durch die Mark Brandenburg*, der den Adel verehrte und das Preußentum verherrlichte.

> In den nächsten 4 Wochen werden 2 Bücher von mir erscheinen, aber meine Phantasie und Hoffnung beschäftigen sich keinen Augenblick damit. Ich weiß nachgerade: all dergleichen kommt und geht, und es ist Torheit, sich etwas andres davon zu versprechen als die 10zeilige Zeitungsnotiz eines Reporters, der das Buch nicht gelesen hat. Kann auch nicht

Das wohl bekannteste Fontanedenkmal – in Neuruppin

> anders sein. Was erscheint nicht alles! Und darunter Hundert- und Tausendfaches, das weit über das hinausgeht, was man selber leistet.
>
> *An Mathilde von Rohr, 25. September 1872*[33]

Nach 1945 wurde der Romanschriftsteller Fontane wiederentdeckt; seine Popularität ist ständig im Wachsen begriffen, während viele seiner schreibenden und weitaus erfolgreicheren Zeitgenossen heute fast vergessen sind. Seine realistischen, zeitkritischen Romane erscheinen in hohen Auflagen, werden verfilmt oder auf die Bühne gebracht und gelten vor allem aufgrund ihrer genauen Personen- und Milieuzeichnung als Kunstwerke ersten Ranges. Das spiegelt sich auch in der Vielzahl der öffentlichen Ehrungen wider, die ihm postum zu teil wurden und werden. Denkmäler, Büsten und Tafeln erinnern

Die Fontaneanlage in Neuruppin

an ihn, Preise und Auszeichnungen, die seinen Namen tragen, werden verliehen, und Freundeskreise gründen sich.

Das wohl bekannteste Fontanedenkmal steht in Neuruppin, seiner Geburtsstadt. Der Schriftsteller sitzt in Bronze auf einer Granitbank, das rechte Bein ist über das linke geschlagen, die rechte Hand ruht (mit einem Stift) auf dem Schoß, während die linke Hand ein Notizbuch hält. Der Hut liegt auf der Bank, Schal und Gehstock befinden sich an der Lehne. Entworfen hat es der Bildhauer Max Wiese (1846–1925), als Modell diente Fontanes Sohn Friedrich. Die Enthüllung fand am 8. Juni 1907 mit einem großen Festakt statt. Der Platz, an dem das Denkmal steht, erhielt 2005 den Namen Fontaneplatz.

Der hintere, weitaus größere und „grüne“ Teil der Anlage trägt den Namen „Fontaneanlage“, worauf allerdings nur ein unscheinbares Schild hinweist.

In Neuruppin: eine originelle Fontaneskulptur von Matthias Zágon Hohl-Stein (links), Fontane aus Cortenstahl (rechts)

Am 30. Dezember jeden Jahres um 11 Uhr gratuliert die Stadt gemeinsam mit der Theodor Fontane Gesellschaft dem Dichter am Fontanedenkmal zum Geburtstag.

Eine originelle Variante des Fontanedenkmals entdecken wir an der Seepromenade. Die Metallskulptur hat der 1952 in Koblenz geborene Bildhauer, Maler und Grafiker Matthias Zágon Hohl-Stein aus Karwe bei Neuruppin geschaffen. Von ihm stammt auch der *Parzival am See*, eine 17 Meter hohe Stahlskulptur, 1998 aufgestellt und mittlerweile ein Wahrzeichen der Stadt.

In einer Gemeinschaftsaktion der Stadtwerke Neuruppin, der Huch GmbH Behälterbau, der Sparkasse Ostprignitz-Ruppin, der Regionalentwicklungsgesellschaft Nordwestbrandenburg (REG) und der Fontanestadt wurde am 20. Dezember 2017 eine neue Stele vor dem Neuruppiner Rathaus aufgestellt, die für die Fontane- und Universitätsstadt werben soll: „Die Fontane-Stele ist aus Cortenstahl gefertigt. Das Material bildet nach einigen Wochen, in der es der Witterung ausgesetzt war, eine besondere Schutzschicht (Patina), die den

Stahl vor Durchrostung schützt“, informiert die Website der Stadt. Auch bei kommunalen Unternehmen, wie den Stadtwerken Neuruppin und der Sparkasse Ostprignitz-Ruppin, werden bald Exemplare der Stele stehen.

Fontanes Mutter Emilie Fontane, geborene Labry (1797–1869), und seine Schwester Elisabeth Charlotte (Elise), verheiratete Weber (1838–1923), wurden auf dem Alten Friedhof in Neuruppin beigesetzt. Allerdings existieren Friedhof – er wurde 1968 eingeebnet – und Grab nicht mehr; die Grabplatte finden wir in einem Erinnerungshain am Rheinsberger Tor, wo auch Gedenktafeln für andere Neuruppiner Prominente angebracht wurden. Friedrich Fontane (1864–1941) ruht auf dem Neuen Friedhof bzw. Hauptfriedhof von Neuruppin, Theodor Fontane jun. (1856–1933) auf dem Südwestfriedhof in Stahnsdorf.

Grabplatte mit den Namen von Fontanes Mutter und Schwester im Erinnerungshain am Rheinsberger Tor in Neuruppin

1898

Wahrlich nicht verstecken kann und muss sich das Fontane-Denkmal am Südrand des Großen Tiergartens in Berlin. Der Bildhauer Max Klein führte es von 1908 bis 1910 in weißem Marmor aus. Der Riesen-Fontane ist 5,20 Meter hoch und steht auf einem Sockel von drei Metern Durchmesser. Stock und Hut sollen an die *Wanderungen durch die Mark Brandenburg* erinnern. 1985 wurde das Denkmal durch eine Kopie aus Feinzement ersetzt. Das Original befindet sich heute in der Großen Halle des Märkischen Museums.

Die Dichtersöhne Friedrich Fontane und Theodor Fontane jun. – Letzterer stand Modell – waren mit der Ausführung, insbesondere mit dem „etwas leeren Gesichtsausdruck", nicht besonders zufrieden. Die Berliner fanden auch schnell heraus, dass die Knöpfe an Fontanes Rock auf der falschen Seite saßen.

Fontane nicht unähnlich ist eine hölzerne Figur in der Neuglobsower Fontanestraße. Hut, Schnurrbart und Wanderstab, nichts fehlt. Bei dem rastenden Mann auf dem hohen Baumstamm handelt es sich allerdings nicht um den Dichter, sondern um einen Glasmacher, geschnitzt 2004 vom Bildhauer Andreas Uckert. Das lange Rohr in seiner Hand ist kein Wanderstab, sondern eine Glasmacherpfeife, das typische Arbeitswerkzeug des Glasmachers.

Fontane, der Riese, im Berliner Tiergarten

Nicht Fontane, sondern ein Glasbläser

Fontane-Büste von Peter Fritzsche in Potsdam …

In Potsdam steht vor dem Eingang der Villa Quandt am Pfingstberg seit 2010 die Bronze-Fontanebüste des Freitaler Bildhauers Peter Fritzsche von 1978. In der Villa ist seit 2007 das Theodor-Fontane-Archiv zu Hause, das sich zuvor – wie die Büste – am Bassinplatz in der Innenstadt befand.

Die Plastik steht etwas abseits unter einem Baum, doch der Kopf des Schriftstellers und Journalisten wendet sich in Richtung des Gebäudes. Seinen nachdenklichen Blick auf das Gebäude gerichtet, scheint sein Augenmerk gleichzeitig in die Ferne gerichtet zu sein. Der realistisch ausgearbeitete Kopf gibt den in die Jahre gekommenen Fontane mit seinen individuellen Zügen wieder. Das Haupthaar, in der Stirnpartie deutlich gelichtet, wallt kräftig am Hinterkopf. Markant treten Kinn, Nase und Ohren hervor, dazwischen der volle Schnauzbart und die gelockten Koteletten. Auch die Spuren eines durch unermüdliche Arbeit gekennzeichneten langen Lebens sind sichtbar: Die Wangen zeigen kräftige Falten und die Augenpartie erweist sich im Seitenprofil als wachsam und in der Dreivier-

… und in Bad Freienwalde

telansicht als scharf blickend. Getragen wird die Büste durch den gewölbten Brustausschnitt, der das Hemd und die gebundene Fliege freigibt – Fontanes typische Kleidung. Den Blick zur Seite gewendet und über Antworten sinnierend, zeigt die Büste einen gealterten und nachdenklichen Fontane, der nicht aufhört, die Gesellschaft realistisch zu beschreiben und kritisch zu hinterfragen.[34]

Einen Abguss der Büste von Peter Fritzsche kann man seit 1988 in Bad Freienwalde betrachten.

Auch auf Schulgeländen sind Fontanebüsten zu finden: die bereits erwähnte von Dietrich Rohde vor der Grundschule „Theodor Fontane“ in Hennigsdorf und seit 2005 eine zweite Ausführung vor der Grundschule in Ludwigsfelde. Während auf dem Sockel der Büste in Hennigsdorf lediglich der Name des Dichters und seine Lebensdaten stehen, ist in Ludwigsfelde eine Tafel mit einem Spruch von Theodor Fontane angebracht: „Nur wer jeden Augenblick (tief) seine Unvollkommenheit empfindet, kann sich fortentwickeln.“ Damit

Die Fontane-Büsten von Dietrich Rohde in Hennigsdorf (links) und in Ludwigsfelde (rechts)

bezog er sich auf Goethe, dessen Fleiß für ihn vorbildhaft war. Allerdings fehlt auf der Ludwigsfelder Tafel das Wort „tief", vermutlich um die Grundschüler beim täglichen Betreten des Schulgebäudes nicht allzu sehr zu verunsichern.

Hennigsdorf und Ludwigsfelde, die beiden Industriestädte, präsentieren sich, das sei an dieser Stelle erwähnt, auf Grund der vielfältigen Benennungen als wahre Fontane-Hochburgen.

Eine Fontanebüste mit einer lustigen Frisur – einer sogenannten Nackenrolle – entdecken wir vor der Fontane-Apotheke in Letschin.

Im havelländischen Görne ließ 2009 der Kulturförderverein Mark Brandenburg e. V. vor dem ehemaligen Gutshaus eine Fontanebüste aufstellen. Zweimal war Fontane in Görne, zuletzt im Mai 1889, um Material für sein Buch *Das Ländchen Friesack und die Bredows*, das Fragment blieb, zu sammeln.

Auf eine Idee des Kulturfördervereins, der heute in Premnitz zu Hause ist, geht auch der „Deutsche Birnengarten" am Schloss in Ribbeck zurück. Jedes deutsche Bundesland stiftete 2006 im Rahmen der Landesgartenschau ein markantes Birnenexemplar. Einen zweiten Birnengarten in Ribbeck bewirtschaftet seit 2017 der Unternehmer Rafael Kugel auf einem Grundstück hinter der Alten Brennerei. 23 Birnbäume mit 14

Fontane mit „Nackenrolle“
in Letschin

unterschiedlichen Birnensorten, darunter die Gute Luise, die Oberösterreichische Weinbirne, die Schweizer Wasserbirne, Gellerts Butterbirne und die Pastorenbirne, wachsen hier.

In Ribbeck gibt's Birne als Baum, als Obst, als Kuchen und als Likör

Auch dieser Garten soll an das Gedicht *Herr von Ribbeck auf Ribbeck im Havelland* von Theodor Fontane erinnern „Dieses Gedicht handelt von der Großzügigkeit, der Mitmenschlichkeit und der Toleranz", erklärte Kugel gegenüber der *Märkischen Allgemeinen* am 23. April 2017 anlässlich der Einweihung des Gartens, „denn diese Werte benötigen wir in der heutigen Zeit mehr denn je." Mit dem Garten und mit dem „Tag der Birne", der jeweils am vierten Sonntag im April gefeiert werden soll, will er sie wieder in den Mittelpunkt stellen.

Herr von Ribbeck auf Ribbeck im Havelland

Herr von Ribbeck auf Ribbeck im Havelland,
Ein Birnbaum in seinem Garten stand,
Und kam die goldene Herbsteszeit
Und die Birnen leuchteten weit und breit,
Da stopfte, wenn's Mittag vom Turme scholl,
Der von Ribbeck sich beide Taschen voll,
Und kam in Pantinen ein Junge daher,
So rief er: „Junge, wiste 'ne Beer?"
Und kam ein Mädel, so rief er: „Lütt Dirn,
Kumm man röwer, ick hebb 'ne Birn." […][35]

Falkenberg (Mark): Fontanegedenkstein und Fontaneplatz

Das von Paul Matzdorf erbaute Haus in Falkenberg – die heutige Villa Fontane

Ein Fontanegedenkstein mit einer Fontaneplakette bildet den Mittelpunkt des Fontaneplatzes in Falkenberg (Mark). Die Weihe, zu der auch der Dichtersohn Friedrich Fontane aus Neuruppin und seine Frau anreisten, fand am 17. September 1927 nachmittags statt. Am Abend gab es noch einen Fontanegedenkabend im Ort, an dem jedoch die Fontanes nicht mehr teilnahmen, da sie sich beim Spaziergang im Oderbruch nasse Füße geholt hatten.

Hinter der Idee des Gedenksteins steckte der Falkenberger Lehrer, Schriftsteller und Medailleur Paul Matzdorf (1864–1930)*, der auch die Plakette angefertigt hatte. Friedrich Fontane war mit dem Porträt seines Vaters – anders als beim Fontanedenkmal im Berliner Tiergarten – sehr einverstanden.

* Die Enkelin von Paul Matzdorf betrieb in seinem 1924 erbauten Haus in Falkenberg nahe dem Fontaneplatz seit den 1990er-Jahren bis 2015 das Hotel Villa Fontane. Zu DDR-Zeiten beherbergte es die Kinderkrippe des Ortes; heute befindet sich dort ein Schönheitssalon.

„Für das Falkenberg-Wanderdenkmal genügte mir der ‚alternde' Fontane nicht", berichtete Matzdorf im *Märkischen Wanderer* 1927 über seine Arbeit. „Ich verjüngte ihn um 10 Jahre und hatte die Genugtuung, daß Friedrich Fontane, der jüngste Sohn des Dichters, nebst Gemahlin den Verjüngungsprozeß als außerordentlich gelungen beurteilten. Wir haben nun hier einen im rüstigsten Mannesalter stehenden, mit hellem Blick in die Landschaft ausschauenden Theodor Fontane, wie ihn unsere Berge so oft gesehen haben."

Der Fontanegedenkstein auf dem Fontaneplatz im Zeuthener Ortsteil Miersdorf erinnert seit Mitte der 1990er-Jahre an den Aufenthalt des Schriftstellers im Mai 1884 im Wirtshaus Hankels Ablage, wo er die letzten Kapitel seines Romans *Irrungen, Wirrungen* schrieb.

Völlig von Efeu überwuchert war zuletzt der Gedenkstein in Rheinsberg am Fontaneplatz („Dem Andenken des Dichters Theodor Fontane gewidmet 1912"). Im September 2017

In Miersdorf am Zeuthener See. Hier war Fontane 1884

Vom Efeu befreit: Fontanegedenkstein in Rheinsberg

wurde er durch den städtischen Bauhof von der Kletterpflanze befreit.

Vermutlich nur den Hotelgästen bekannt ist das Fontanedenkmal im Resort Schwielowsee in Werder.

Für Irritationen sorgte 2016 in Wulkow, einem Neuruppiner Ortsteil etwa neun Kilometer östlich der Kernstadt, eine graue, knapp einen Meter große Fontane-Figur. Ausgedacht hat sie sich der Künstler Ottmar Hörl. Sie stand im Mai 2016 mit 399 identischen Figuren vor der Pfarrkirche in Neuruppin. „Fontane zum Anfassen", lautete das Motto der Installation. Der Standort sei schlecht gewählt, beklagte sich nun Ronny Merkert, der ehemalige Ortsvorsteher von Wulkow, am 6. August 2016 bei der *Märkischen Allgemeinen*. Direkt daneben befinde sich ein Gedenkstein, der seit November 2013 an das einstige Wahrzeichen von Wulkow, das um 1650 errichtete Gutshaus, erinnere, das die Berlin-Brandenburgische Bodengesellschaft (BBG) 2009 abreißen ließ. „Die beiden

Gedenktafel an der Löwen-Apotheke in Neuruppin

Objekte nehmen sich gegenseitig die Wirkung", so Merkert. „In Neuruppin steht doch das Fontane-Denkmal auch nicht neben dem Schinkel-Denkmal." Sven Deter (CDU), der amtierende Ortsvorsteher, räumte gegenüber der Zeitung ein, dass der Werdegang unglücklich gewesen sei. Aber jede Initiative sei eine Bereicherung für das Dorf. Außerdem habe die Figur nichts gekostet. Deshalb solle man sie dort stehen lassen.

Gedenk- und Erinnerungstafeln, die eine Beziehung zu Theodor Fontane herstellen, hängen unter anderem in Swinemünde, in Berlin, in Neuruppin und in Leipzig. In Swinemünde (heute Świnoujście in Polen) lebte Fontane mit seinen Eltern und Geschwistern – der Schwester Jenny und den Brüdern Rudolph und Max – von 1827 bis 1832, nachdem der Vater die Löwen-Apotheke in Neuruppin auf Grund von Spielschulden verkauft hatte und günstig die Adler-Apotheke in der kleinen Stadt an der Ostsee erwerben konnte.

Der junge Theodor besuchte zunächst die Stadtschule und wurde anschließend vom Vater und von Hauslehrern befreundeter Familien unterrichtet. Er verlebte hier eine lebendige, frohe Kindheit. „Swinemünde war, als wir Sommer 1827 dort einzogen, ein unschönes Nest, aber zugleich ein Ort von besonderem Reiz. Wählte man, als Beobachtungsposten, den Kirchenplatz, zu dessen einschließenden Häusern auch unsere Apotheke gehörte, so ließ sich, obschon hier die Hauptstraße vorüberführte, wenig Gutes sagen, gab man aber die Innenstadt auf und begab sich an den ‚Strom', wie die Swine genannt wurde, so verkehrte sich die bis dahin ungünstige Meinung in ihr Gegenteil."[36]

Das Haus Kleiner Markt, Ecke Kleine Kirchstraße, in dem die Familie wohnte und in dem sich auch die Apotheke befand, wurde 1955 abgerissen. An der Vorderfront des Wohnblocks, der heute dort steht, ist eine Tafel angebracht. Sie ist deutsch und polnisch beschriftet und mit einem Reliefbild Theodor Fontanes versehen.

„[...] ich betrachtete es als meine Pflicht, meine Landsleute daran zu erinnern, dass Swinemünde nicht nur Stützpunkt für die Marine war, sondern auch ein Ort mit kultureller Tradition ist. Die Person Theodor Fontane war, ehrlich gesagt, vollkommen unbekannt"[37], erklärte Józef Pluciński, der Initiator der Tafel und ehemalige Museumsleiter der Stadt, 2011 dem Deutschlandfunk. Swinemünde ist auch Vorbild für die Kleinstadt Kessin in Fontanes Roman *Effi Briest*, in der Effi mit Baron Geert von Innstetten nach ihrer Heirat lebte und eine Affäre mit Major von Crampas hatte.

In Berlin gibt es drei Erinnerungs- beziehungsweise Gedenktafeln. Eine Tafel in der Friedrichstraße 154 nahe der Straße Unter den Linden informiert über seine Gehilfenzeit 1845/46 in der Polnischen Apotheke.

Eine weitere Tafel finden wir rechts neben der Eingangstür des ehemaligen Ärztewohnheims des Krankenhauses Bethanien in Kreuzberg. Sie wurde 1978 aus Anlass des 80. Todestages des Dichters eingeweiht. In dem Haus am Mariannenplatz 3 war Fontane untergekommen, als er 1848/49 für zwölf Monate in Bethanien als pharmazeutischer Ausbilder tätig war.

In der Polnischen Apotheke in Berlin war Fontane 1845/46 tätig

> Ein Sonnenstrahl des Glücks hat mich getroffen. Ich bin in Bethanien, bei freier Wohnung und Station, mit 20 rth. monatlich angestellt. Nur während zweier Mittagsstunden hab' ich in der Apotheke zu arbeiten; die übrige Zeit ist mein. [...] Ich wohne vom 1ten Oktober ab in dem Doctor-Hause (parterre) neben dem Hauptgebäude selbst. Mein Zimmer ist anständig, und darf sich selbst nicht scheuen, einem Premier-Lieutnant a. D. die Ecke am Ofen anzubieten [...][38],

teilte er am 17. September 1848 seinem Freund, dem Offizier und Dichter Bernhard von Lepel, brieflich mit. Heute wird das Ärztewohnheim vom Pestalozzi-Fröbel-Haus, einer Berliner Stiftung öffentlichen Rechts, unter deren Dach sich Ausbildungsstätten für Erzieherinnen und Erzieher sowie rund 30 Praxiseinrichtungen der Kinder- und Jugendhilfe befinden, genutzt. Schuldistanzierte Schülerinnen und Schüler haben hier in einer Werkstatt die Möglichkeit, in kleinen Gruppen bei praktischer Arbeit „versäumte Lerninhalte nachzuholen, neue Zugänge zum Lernen zu entdecken und sich im handwerklichen Bereich oder in Dienstleistungsbereichen beruflich zu orientieren“, heißt es auf der Website.[39]

Das ehemalige Ärztewohnheim des Diakonissenhauses Bethanien Fotos: André Förster

Eine Tafel an der Ecke Alte Potsdamer Straße, Joseph-von-Eichendorff-Gasse erinnert an Fontanes letzten Wohnsitz Foto: André Förster

Die dritte Tafel in Berlin, eine Bronzetafel, erinnert an einem Neubau nahe dem Potsdamer Platz an das Haus Potsdamer Straße 134c, in dem der Schriftsteller mit seiner Familie von 1872 bis zu seinem Tod 1898 wohnte.

Die Tafel an der Adler-Apotheke in der Hainstraße in Leipzig ist recht schlicht gehalten. „Hier war Theodor Fontane 1841 und 1842 als Apotheker tätig", steht darauf. Die Apotheke der Fontane-Zeit existiert allerdings nicht mehr, das heutige Gebäude wurde 1909 errichtet.

Eine Tafel gedenkt seit 2013 in Mühlberg/Elbe im südlichen Brandenburg Elise Fontanes, der Schwester Theodor Fontanes, die 1838 in der Stadt geboren wurde. Der Vater Louis Fontane betrieb hier 1837/38 die Adler-Apotheke, ehe er die Apotheke in Letschin kaufte. Elise Fontane unterstützte ihren Bruder mehrmals bei der Informationsbeschaffung für seine *Wanderungen durch die Mark Brandenburg*, insbesondere im Neuruppiner Raum, wo sie seit der Trennung ihrer Eltern 1854 allein mit ihrer Mutter lebte. 1875 heiratete sie den verwitweten Buchhalter und Versicherungsinspektor Hermann Weber und starb 1923 in Berlin-Weißensee.

Fontane war auch in Leipzig Foto: Christina Schönherr

Weitere Gedenktafeln finden wir in Luckenwalde („Hier weilte 1855 Theodor Fontane"), in Rostock-Warnemünde an der Front des alten Hotels Hübner, wo der Dichter 1870 „Wohnung nahm", und auf der ostfriesischen Insel Norderney: „Hier lebte und wirkte in den Sommermonaten 1882 und 1883 Theodor Fontane".

Auf Norderney war Fontane bereits 1880 auf Einladung von Edzard zu Innhausen und Knyphausen für einen Tag gewesen, nachdem ihn Nachforschungen zum Band *Fünf Schlösser* der *Wanderungen durch die Mark Brandenburg* nach Schloss Lütetsburg in Ostfriesland geführt hatten. Zwei Jahre später quartierte er sich für drei Wochen in der Pension von Gerrit Knigge in der Marienstraße ein. „Im ganzen muß ich mit meinen 3 Wochen hier sehr zufrieden sein; es ist mir nichts eigentlich Unangenehmes passiert, und selbst die Sturmtage waren schön", bilanzierte er in einem Brief an seine Frau Emilie am 17. August 1882. „Ja, ich komme jetzt dahinter, daß das Meer *nur* an seinen Sturmtagen entzückend ist; sowie Ruhe eintritt, ist es eigentlich langweilig."[40] 1883 wohnte er im selben Haus, welches nunmehr von der Kapitänswitwe Helene Warnke bewirtschaftet wurde. „Ich bin einsam und langweile mich kolossal, aber ich habe Luft, Bewegung, Ungestörtheit und kann arbeiten“, schrieb er am 13. August 1883 an Emilie Fontane.[41]

Denkmäler betrachtet man, Erinnerungstafeln liest man, an Brunnen kann man verweilen. An der Dathepromenade in Berlin-Lichtenberg steht der Fontanebrunnen, 1982 nach einem Entwurf des Bildhauers Hans-Detlev Hennig errichtet. Eine schlanke Metallsäule in einem runden Betonbecken ist im unteren Bereich von einem abgeschrägten Sockel und in der oberen Hälfte von einem ringförmigen Bronzerelief umgeben. Darauf befindet sich zwischen märkischen Motiven – Schnitter mähen Getreide, ein Schäfer mit seiner Herde, ein Fischer in seinem Boot, Jäger auf Hirschjagd, eine Festgesellschaft mit Essenden, Musizierenden und Tanzenden – eine Inschrift des Dichters: ERST DIE FREMDE LEHRT UNS WAS WIR AN DER HEIMAT BESITZEN – FONTANE.

Der Brunnen ist drei Meter hoch, das Becken hat einen Durchmesser von viereinhalb Metern, Becken und Sockel sind aus Beton, der Reliefring aus Bronze. „2009 wurde das Brunnenbecken erneuert und die Brunnenstube technisch auf den neuesten Stand gebracht. Leider wurde es versäumt, auch die alten Rohrleitungen zu erneuern, so dass es nun zu einem Rohrschaden kam. Deshalb kann der Brunnen derzeit nicht in Betrieb gehen“, heißt es auf der Website der Senatsverwaltung für Stadtentwicklung und Wohnen.[42]

Eine ähnliche Variante des Brunnens finden wir seit 1984 vor dem Seniorenheim „Karl Marx“ in der Gubener Straße in Frankfurt (Oder). Von den 77 000 Mark, die der Brunnen kostete, wurden 60 000 Mark von der damaligen Heimbewohnerin Berta Wimmer gestiftet.

Ein Ort, an dem der Name Fontane vielfach vertreten ist, ist die Seepromenade in Altenhof am Werbellinsee in der Schorfheide im Nordosten Brandenburgs. Der Platz vor der Prome-

Der Fontanebrunnen in Berlin-Lichtenberg

ERST DIE FREMDE
LEHRT UNS
WAS WIR
AN DER HEIMAT
BESITZEN
FONTANE

Fontane-Stele in Altenhof am Werbellinsee (links), Schild am Fontane-Platz in Altenhof (rechts) Fotos: André Förster

nade heißt Fontaneplatz, eine Fontane-Stele wurde aufgestellt, ein Fontane Hotel errichtet, und ein Fontane-Brunnen ist geplant. 1862 war der märkische Wanderer hier und berichtete im Teil *Das Oderland* der *Wanderungen* über die (ehemalige) Stadt, das Dorf (neueren Datums), das Schloss bzw. die Burg und den Forst Werbellin. Am wohlsten aber fühlte er sich am Ufer des Sees, „der all dieser Umgebung: Wald, Burg, Dorf, seinen Namen gab".

> Bei Altenhof, unmittelbar an dem gelben Kiesufer, liegen ein paar Tannenstämme aufgeschichtet und bilden eine hohe Bank zum Überblick. Und dort nehmen wir Platz. Kleine Wellen schäumen ans Ufer, vor uns die breite Wasserfläche liegt noch im Licht, während sich nach Norden hin bläuliche Schatten über Wald und See breiten. Dorthin liegen auch die Trümmer des alten, halb Sage gewordenen Grimnitz-Schlosses. Und wenn jetzt ein goldenes Schiff den See herunterkäme und auf dem Deck des Schiffes, unter flatterndem Zeltdach, säße Markgraf Otto mit Heilwig von Holstein, scherzend und lachend über dem Schachspiel, wir ließen es vorübergleiten, vielleicht weniger verwundert über das goldene Schiff mit Segel und Zeltdach als über das ärmliche Schifferboot, das eben jetzt mit Netz und Reuse des Weges kommt.

Das Fontane Hotel mit dem Restaurant Theodors in Altenhof Foto: André Förster

> Es ist ein Märchenplatz, auf dem wir sitzen, denn wir sitzen am Ufer des „Werbellin".[43]

2014 wurde der Platz an der Promenade in Fontaneplatz umbenannt, zwei Jahre später folgte auf Initiative von Altenhofer Einwohnern die Errichtung einer Stele, mit der der Ort an seinen berühmten Gast erinnern will. Sie kostete 8 000 Euro. Ein Teil davon wurde von der Bürgerinitiative gesammelt.

Auf der Vorderseite des etwa brusthohen dreieckigen Denkmals aus braun marmoriertem Stein, das vom Steinmetz Michael Wendt aus Friedrichswalde nach Vorgaben der Bürgerinitiative geschaffen wurde, ist ein Relief des Dichters zu sehen, ergänzt um sein Geburts- und Sterbedatum und den Hinweis, dass er an diesem Ort verweilte (obwohl Fontane erst hier war, *nachdem* er den Aufsatz über den Werbellin geschrieben hatte). Auf einer der beiden Seiten steht das „Märchenplatz"-Zitat aus den *Wanderungen*. Ein weiteres Vorhaben der Bürgerinitiative ist die Inbetriebnahme eines Springbrunnens auf dem Fontaneplatz.

Das Fontane Hotel wurde 2018 nach dreijähriger Bauzeit fertiggestellt. Im Erdgeschoss des Hauses spricht das Restaurant Theodors Touristen und Einheimische gleichermaßen an.

FESTSPIELE, WISSENSCHAFTLICHE EINRICHTUNGEN, EINE GESELLSCHAFT UND EIN GEDENKZIMMER

„Mit der Zeit kommt alles, Orden – Titel – Tod“[44], schrieb Fontane 1867 an seine Freundin und Gönnerin Mathilde von Rohr. Nie und nimmer aber konnte er ahnen, dass ihm zu Ehren einmal Festspiele veranstaltet, eine Gesellschaft und ein Archiv gegründet werden und eine Zeitschrift, die seinen Namen trägt, herausgegeben wird.

Die Fontane-Festspiele (häufig auch ohne Bindestrich geschrieben) fanden zum ersten Mal 2010 statt, seitdem alle zwei Jahre zu Pfingsten. Neuruppin „möchte mit dem Festival seiner kulturellen Verpflichtung als Geburtsort Fontanes gerecht werden“, heißt es auf der Website der Stadt. Das Veranstaltungsprogramm war und ist sehr vielfältig und orien-

Werbung für die Fontane-Festspiele 2018 in Neuruppin

tiert sich an Leben und Werk des Schriftstellers. Im Premierenjahr 2010 wurde das musikalische Drama *Grete Minde* nach Fontanes gleichnamiger Kriminalgeschichte mit der Musik von Siegfried Matthus, dem Gründer und langjährigen Leiter der Kammeroper Schloss Rheinsberg, aufgeführt, unter dem Motto „Neben der Spur" lasen Autoren zum Thema Reisen aus ihren eigenen Werken und bekannte Schauspieler trugen innerhalb eines Fontane-Lyrik-Projekts Gedichte des gebürtigen Neuruppiners vor. Das Lyrik-Projekt und das Europäische Festival der Reiseliteratur stehen seitdem jedes Jahr auf dem Programm; 2014 kam die Fontane-Film-Lounge hinzu, die Verfilmungen von Fontane-Romanen zeigt.

Im Jahr des 200. Fontane-Geburtstages soll vom 23. bis 25. August 2019 das Fontane-Open-Air-Theater *Effi in der Unterwelt* auf dem Neuruppiner Schulplatz Höhepunkt und zugleich Finale der Festspiele werden.

Im Zentrum der Arbeit des von Prof. Dr. Peer Trilcke geleiteten Theodor-Fontane-Archivs in der Villa Quandt am Pfingstberg in der Großen Weinmeisterstraße 46 in Potsdam stehen neben Person und Werk des Schriftstellers seine Zeit und seine Zeitgenossen. Aufbauend auf Fontanes literarischem Nachlass, verfügt es über einen umfangreichen Bestand an Handschriften (darunter 12000 Blatt Originalhandschriften von Fontane!), Dokumenten und Realien, der durch Erwerbungen kontinuierlich ergänzt wird.

Der Nachlass Theodor Fontanes befand sich nach seinem Tod 1898 in Familienbesitz und wurde von einer testamentarisch eingesetzten Kommission, der seine Tochter Martha, der Kritiker Paul Schlenther und der Advokat Paul Meyer angehörten, betreut. Nach dem Scheitern von Verhandlungen mit der Preußischen Staatsbibliothek über einen Ankauf kam es am 9. Oktober 1933 zur Versteigerung des Nachlasses durch das Auktionshaus Meyer & Ernst. Der umfangreiche, nicht veräußerte Rest wurde von Friedrich Fontane, dem einzigen damals noch lebenden Sohn Fontanes, geordnet und durch Rückerwerbungen ergänzt. 1935 erwarb die Provinzialverwaltung Brandenburg diesen Nachlassteil mitsamt der von

Wegweiser zum Theodor-Fontane-Archiv in Potsdam

Friedrich Fontane angelegten Sammlung sowie den seinen Vater betreffenden Teil seines Verlagsarchivs und gründete das Theodor-Fontane-Archiv als Literaturarchiv der Provinz Brandenburg. Nach 1948 wurde es wiederaufgebaut.

„Als Literaturarchiv bewahren wir diese Sammlungen, erschließen sie für die wissenschaftliche Nutzung und machen sie der allgemeinen Öffentlichkeit zugänglich", heißt es auf der Website des Archivs. „Unsere Bibliothek enthält sämtliche Literatur von und über Fontane, Übersetzungen seiner Werke sowie Literatur aus seiner Epoche und seinem Umfeld. [...] Als wissenschaftliche Einrichtung betreiben wir Grundlagenforschung, veranstalten Editionen und laden zu Symposien ein. In Kooperation mit den Hochschulen und Forschungseinrichtungen der Region initiieren, fördern und veranstalten wir wissenschaftliche Forschungsprojekte."[45] Daneben finden Vorträge, Lesungen, Führungen und Aus-

Das Theodor-Fontane-Archiv in Potsdam

stellungen statt, hauptsächlich in der Villa Quandt, wo auch das Brandenburgische Literaturbüro residiert.

Das Theodor-Fontane-Archiv, seit 2014 eine wissenschaftliche Einrichtung der Philosophischen Fakultät der Universität Potsdam, wurde 2001 als „Kultureller Gedächtnisort von besonderer nationaler Bedeutung" in das Blaubuch der Bundesregierung aufgenommen. Zu den kulturellen Gedächtnisorten gehören 20 Institutionen in den neuen Bundesländern.

Die Theodor Fontane-Arbeitsstelle besteht seit 2010, um unter der Leitung der Literaturwissenschaftlerin Dr. Gabriele Radecke verschiedene Fontane-Editionsprojekte interdisziplinär zu erarbeiten und zu koordinieren. Sie wird finanziert aus Geldern des Leibnizpreises der Deutschen Forschungsgemeinschaft sowie aus weiteren DFG-Drittmitteln und Mitteln der Fritz Thyssen Stiftung.

Die Arbeitsstelle ist am Lehrstuhl von Prof. Dr. Heinrich Detering an der Georg-August-Universität Göttingen angesiedelt. Zu ihren Projekten zählen die kritische und kommentierte Neuedition des Briefwechsels zwischen Theodor Storm und Theodor Fontane (2011 abgeschlossen), die Große Brandenburger Ausgabe der Werke und Briefe Theodor Fontanes und die Gesamtedition seiner Notizbücher.

Die Theodor Fontane Gesellschaft e.V. ist eine literarische Vereinigung, die die Beschäftigung mit Leben und Werk Theodor Fontanes pflegt und fördert. Sie wurde 1990 in Potsdam gegründet und hat ihren Sitz in Neuruppin. Seit 2018 ist der Literaturwissenschaftler Prof. Dr. Roland Berbig Vorsitzender der Gesellschaft.

Untergebracht ist die Geschäftsstelle der Gesellschaft – wie auch die Stadtbibliothek, die Fachhochschule sowie die Musik- und die Jugendkunstschule – im Alten Gymnasium auf dem Schulplatz. Das 1790 errichtete stattliche Gebäude erinnert an ein barockes Schloss. Neben Theodor Fontane drückte hier auch Max Wiese, der Schöpfer des Neuruppiner Fontanedenkmals, die Schulbank.

Der Gesellschaft gehören circa 1 100 Mitglieder aus 20 Ländern an. Es gibt 13 regionale Sektionen und Freundeskreise in Deutschland, unter anderem in Hamburg, in Dobbertin, in Zeuthen, in Leipzig, in Hannover und in Erlangen. Freundeskreise gibt es auch in Großbritannien und in Polen. Als gemeinsames Publikationsorgan der Theodor Fontane Gesellschaft und des Theodor-Fontane-Archivs erscheint seit 1965 halbjährlich die Zeitschrift *Fontane Blätter*. Sie veröffentlicht Unbekanntes und wenig Bekanntes des Dichters, Literaturgeschichtliches und Interpretationen seiner Werke sowie Rezensionen und Annotationen.

In den 1920er-/30er-Jahren fanden in Berlin „Fontane-Abende“ statt. Initiator war der 1880 geborene Hans Sternheim, dessen Pate Theodor Fontane war. Seine Mutter Marie Sternheim war eine enge Freundin von Emilie und

Theodor Fontane in deren letzten Lebensjahren. Fontane schenkte seinem Patensohn, der als Kind häufig in der Potsdamer Straße 134 c zu Besuch war, zu Weihnachten 1895 eine Volksausgabe seines Romans *Vor dem Sturm* mit einer persönlichen Widmung („Wannsee, Westend, ist alles blos Kietz,/ Kaufe Dir was wie Hohen Vietz …").

1928 wiederum schenkte Hans Sternheim, inzwischen Druckereibesitzer und bibliophiler Sammler, den Mitgliedern des „Fontane-Abends" einen Faksimiledruck dieser Widmung. 1942 wurde er mit seiner Frau in ein Sammellager in der Großen Hamburger Straße verbracht, jener Straße, in der ein Jahrhundert zuvor der damals fünfzehnjährige Theodor Fontane bei seinem Onkel August gewohnt hatte. Der Sammeltransport ging nach Theresienstadt und von dort am 9. Oktober 1944 nach Auschwitz, wo Hans Sternheim ermordet wurde.[46]

Beim Fontane-Zimmer handelte es sich nicht etwa um die Erfindung eines Möbelhauses, sondern um einen Raum im Märkischen Museum am Köllnischen Park in Berlin, der dem Dichter bzw. der Erinnerung an ihn nach 1945 gewidmet war.

Theodor Fontane selbst wollte die Teile seines Nachlasses, die von allgemeinem Interesse waren, dort aufbewahrt wissen. Seine Frau Emilie übergab deshalb im Frühjahr 1902 seinen Schreibtisch mit Schreibtischstuhl und zwei Schränken sowie die Original-Manuskripte aller Romane und Novellen, der autobiografischen Schriften, der Kriegstagebücher (1870/71) und der *Wanderungen*-Bände *Havelland* und *Spreeland* dem Museum.

Fontane hatte den Schreibtisch, an dem die meisten seiner Werke entstanden, 1861 von dem befreundeten Kunsthistoriker Wilhelm Lübke gekauft. Der Tisch aus poliertem Mahagoniholz hatte beachtliche Ausmaße: 186 Zentimeter lang, 97 Zentimeter tief und 80 Zentimeter hoch. Er musste im Raum stehen, denn an der Rückseite befand sich eine Vielzahl von Schubkästen, in denen der Schriftsteller seine Manuskripte, eingeschlagen in Zeitungspapier, versiegelt und beschriftet aufbewahrte.

Aus Platzmangel wurde das Zimmer später wieder aufgegeben, lediglich ein Raum, der sich mit der Berliner Theatergeschichte befasst, stellt Beziehungen zu Fontane, der von 1870 bis 1890 Theaterkritiker für die Königlichen Schauspiele im Dienst der *Vossischen Zeitung* war und sich unter anderem für den jungen Gerhart Hauptmann engagierte, her.

In das Haus Birkenweg der Letschiner Heimatstuben lädt ein im Stil des 19. Jahrhunderts eingerichtetes Fontane-Zimmer mit Informationen über die Familie Fontane und über Letschin ein. In Letschin lebte Fontane zwischen 1838 und 1850 mehrere Male und arbeitete unter anderem in der Apotheke seines Vaters. Die Kleinstadt am Rande des Oderbruchs war als „Tschechin" auch Handlungsort seiner Kriminalnovelle *Unterm Birnbaum* von 1885.

Die Letschiner Gaststätte Deutsches Haus, heute Zum Alten Fritz, war Inspiration für einen Tatort in Fontanes Kriminalnovelle *Unterm Birnbaum*

PREISE UND AUSZEICHNUNGEN

1913 – fünfzehn Jahre nach Theodor Fontanes Tod – wurde erstmals vom Schutzverband Deutscher Schriftsteller der „Fontane-Preis für den besten modernen Erzähler" vergeben. Die Dotierung schwankte: 1 000 Reichsmark 1914, 800 Reichsmark 1915 und 600 Reichsmark 1919.

Preisträger waren unter anderen 1913 Annette Kolb für ihren Roman *Das Exemplar*, 1914 Leonhard Frank für *Die Räuberbande*, 1915 Carl Sternheim für die Erzählungen *Busekow*, *Napoleon* und *Schuhlin*, 1916 Alfred Döblin für *Die drei Sprünge des Wang-lun*, 1921 Gina Kaus für ihre Novelle *Der Aufstieg* und 1922 der österreichische Schriftsteller und Maler Albert Paris Gütersloh. Mit Ausnahme von Carl Sternheim, dem skandalumwitterten Dramatiker, waren oder wurden alle anderen Autoren als Prosaschreiber bekannt. Sternheim war auch kein Debütant mehr wie die Kollegen. Und noch eine Ausnahme ist mit seinem Namen verbunden: Er gab sein Preisgeld an Franz Kafka weiter, der nur in Zeitschriften publiziert und noch keinen einzigen Literaturpreis erhalten hatte. Nachdem Sternheim, der im Übrigen Millionär war, Kafkas bis dahin verfügbare Texte gelesen hatte, erklärte er sich auf Vorschlag des Jurors Franz Blei bereit, das Preisgeld in Höhe von 800 Mark an den unbekannten Prager deutschen Schriftsteller öffentlich weiterzureichen. Hinter alledem steckte vermutlich eine Absprache Franz Bleis mit dem Kurt Wolff Verlag, für den er Bücher übersetzte. Der alleinige Juror des Fontane-Preises wollte gleich zwei Autoren des Verlages ins Gespräch bringen, und der Verlag nutzte die Gelegenheit, indem er kurz darauf Franz Kafkas Erzählung *Die Verwandlung* als Buch veröffentlichte.

Kafka indessen hatte sich seine erste öffentliche Anerkennung anders vorgestellt. Ihn kränkte nicht nur die Mitteilung des Verlages, die ausschließlich mit finanziellen Vorteilen argumentierte („Sie sind der reine Hans im Glück und bekom-

Der Fontane=Preis

für den besten Erzähler 1915

Carl Sternheim ist der Fontanepreis für seine drei Erzählungen „Busekow", „Napoleon" und „Schuhlin" verliehen worden. Der Dichter nahm die ihm durch die Preisverteilung zugedachte Ehrung an und gab die mit dem Preise verbundene Preissumme an den jungen Prager Erzähler Franz Kafka für dessen Bücher „Der Heizer" und „Die Verwandlung" weiter als ein Zeichen seiner Anerkennung.

Bauchbinde um *Schuhlin*, eine der drei Erzählungen, für die Carl Sternheim im Herbst 1915 den Fontane-Preis zugesprochen bekam. Das Preisgeld von 800 Mark gab Sternheim, wie mit Juror Franz Blei abgesprochen, an Franz Kafka weiter

men überdies 350 Mark für die Buchausgabe"), sondern vor allem auch die Tatsache, dass es nicht Sternheim selbst war, der ihn mit einem anerkennenden Schreiben unterrichtete, sondern ein Angestellter des Verlages. Er musste dazu überredet werden, das Geld anzunehmen, und seiner Pflicht, sich bei den Spendern zu bedanken, entledigte er sich mit hörbarem Widerwillen: „Es ist nicht ganz leicht jemandem zu schreiben, von dem man keine direkte Nachricht bekommen hat, und ihm zu danken, ohne genau zu wissen wofür."[47] (Brief an den Kurt Wolff Verlag, 20. Oktober 1915)

Eine weitere Ausnahme beim Fontane-Preis gab es 1919. Unter dem Pseudonym Emil Sinclair hatte Hermann Hesse in dem Jahr seine Erzählung *Demian* veröffentlicht, der der Preis – „für die beste deutsche Erstveröffentlichung" – zugesprochen wurde. Der Schriftstellerkollege Otto Flake deckte das Pseudonym, von dem nicht einmal der Verlag, der S. Fischer Verlag, wusste, wenig später auf, und Hesse, der damals bereits ein bekannter und viel veröffentlichter Autor war, gab den Preis daraufhin zurück.

Seit 1949 existierte der Westberliner Fontane-Preis. Er wurde jedes Jahr am 18. März durch den Senat der Stadt auf Vorschlag einer Jury verliehen. Als Erster bekam ihn Hermann Kasack für seinen Roman *Die Stadt hinter dem Strom*. Es folgten unter anderem Peter Huchel 1955 und 1963, Uwe Johnson 1960, Golo Mann 1962, Arno Schmidt 1964 und Günter Grass 1968. Knapp dreißig Jahre später bezog sich Grass in seinem 1995 erschienenen Roman *Ein weites Feld*, der zwischen Mauerfall und der deutschen Wiedervereinigung spielt, auf Theodor Fontane. Dessen Lebenslauf ähnelt dem einer der beiden Hauptfiguren, Theo Wuttke, genannt Fonty. Zudem greift der Romantitel eine Redewendung von Effi Briests Vater auf, mit der Fontane seinen Roman *Effi Briest* abschließt: „… das ist ein zu weites Feld."

1960 sollte die Lyrikerin Mascha Kaléko, die 1938 als Jüdin mit ihrer Familie aus Deutschland emigriert war, den Preis erhalten. Sie lehnte dies jedoch ab, da einer der Juroren, der Lyriker und Literaturwissenschaftler Hans Egon Holthusen, Mitglied der SS gewesen war.

Uwe Johnson (Mitte) bei der Verleihung des (Westberliner) Fontane-Preises am 18. März 1960 Bundesarchiv, Bild B 145 Bild-P057015

1969 geriet die Preisverleihung zu einem Skandal. Der Preisträger des Fontane-Preises, Wolf Biermann, und der Preisträger des Literaturpreises der Jungen Generation, Peter Schneider, gaben ihre Preise öffentlich an die außerparlamentarische Opposition weiter, um demonstrativ auf die Kluft zwischen den Vertretern der bürgerlichen Ordnung und der rebellischen Jugend hinzuweisen. 1970 erfolgte deshalb keine Vergabe des Preises.

Seit 1971 wurde der Preis von der Westberliner Akademie der Künste vergeben. 1972 erhielt ihn Hans-Heinrich Reuter, der Verfasser einer zweibändigen Fontane-Biografie, die 1968 erschien und noch heute als Standardwerk gilt. Ab 1979 verlieh die Akademie den Fontane-Preis nur noch alle sechs Jahre, zum letzten Mal 2009 an die deutschtürkische Schriftstellerin Emine Sevgi Özdamar.

Auch die DDR knüpfte an den historischen Preis von 1913 an; von 1954 bis 1989 vergab der Rat des Bezirkes Potsdam jährlich einen Preis unter dem Namen „Theodor-Fontane-Preis für Kunst und Literatur“. Ihn erhielten unter anderem 1955 Eduard Claudius, 1966 Erwin Strittmatter, 1968 der Komponist Gerhard Rosenfeld, 1972 Christa Wolf und 1983 das „Schöpferkollektiv“ des ein Jahr zuvor nach einer Romanvorlage von Günter de Bruyn produzierten DEFA-Films *Märkische Forschungen*, der Manipulationen in der DDR-Literaturwissenschaft auf ironische Weise thematisierte, unter ihnen der Regisseur Roland Gräf und die Hauptdarsteller Kurt Böwe und Hermann Beyer. Alle ausgezeichneten Künstler lebten im Bezirk Potsdam, der 1990 im Land Brandenburg aufging.

Ein direkter Bezug zu Leben und Werk von Theodor Fontane ist nur bei Gisela Heller zu erkennen, der Preisträgerin von 1976 und 1989. Die 1929 geborene Redakteurin und Schriftstellerin aus Kleinmachnow bzw. später Teltow kann auf circa 500 Rundfunk-Sendungen („Unterwegs mit Gisela“) mit Themen aus der brandenburgisch-preußischen Geschichte verweisen. Sie waren der Grundstock, auf dem später ihre Bücher aufbauten: *Märkischer Bilderbogen* 1976, *Potsdamer Geschichten* 1984 und *Neuer Märkischer Bilderbogen* 1986, die zu DDR-Zeit eine Auflage von 250 000 Exemplaren erreichten. 1992 erschien ihr Reiseführer *Unterwegs mit Fontane in Berlin und der Mark Brandenburg*, 1995 *Unterwegs mit Fontane von der Ostsee bis zur Donau*. „Ich wollte“, schreibt sie im Vorwort zu Ersterem, „etwas von der ungeheuren Zauberkraft, die von Fontanes ‚Wanderungen‘ und Romanen ausgeht, in diesem Buch einfangen. Der Leser soll Fontane über die Schulter sehen, er erfährt, warum es ihn an diesen oder jenen Ort zog, was ihm dort widerfuhr und wie es sich in Leben und/oder Werk niederschlug.“[48] 1998 legte Gisela Heller zum 100. Todestag des Schriftstellers die biografische

Erzählung *Geliebter Herzensmann* vor, in der Emilie Fontane im Mittelpunkt steht.

Bis 2004 wurde der Fontane-Literaturpreis der Fontanestadt Neuruppin alle fünf Jahre verliehen, seit 2010 ist die Preisvergabe Teil der Fontane-Festspiele, die die Stadt alle zwei Jahre zu Pfingsten veranstaltet. Er war bislang mit 5000 Euro dotiert, ab 2019 soll es mindestens das Vierfache geben.

„Der Preis richtet sich, in Bezug auf die besondere Leistung Theodor Fontanes als Meister in der Beschreibung von Land und Leuten, an Reiseschriftsteller, Reisejournalisten oder an Autoren, die sich in diesem Sinne betätigen oder betätigt haben", heißt es in der Ausschreibung. „Für die Auszeichnung kann das gesamte literarische Schaffen oder auch ein hervorragendes Werk maßgeblich sein."[49]

Träger des Fontane-Preises für Literatur der Stadt Neuruppin sind Sigrid Damm (1994), Charlotte Jolles (1998), Günter de Bruyn (1999), Friedrich Christian Delius (2004), Lutz Seiler (2010), Moritz von Uslar (2012), Christoph Ransmayr (2014) und Josef Bierbichler (2016). Moritz von Uslar, der Preisträger von 2012, sorgte in Zehdenick und darüber hinaus mit seinem Roman *Deutschboden. Eine teilnehmende Beobachtung* von 2010 für heftige Kontroversen; zur Lesung im Bowlingcenter kamen über 250 Besucher. Im Jahr zuvor hatte sich der Berliner Autor und Journalist drei Monate lang in der Stadt – im Buch heißt sie „Oberhavel", mit Spitznamen „Hardrockhausen" – aufgehalten, „im Osten, nordöstliche Richtung, nicht zu weit weg, vielleicht eine Stunde von Berlin entfernt. […] Dort suche ich mir einen Boxclub, trainiere mit, hänge rum und tue nichts, außer die ganze Zeit nur zuzuhören und zuzugucken, was passiert, und abends stelle ich mich da hin, wo der totale Blödsinn erzählt wird, auf Parkplätze, an Tankstellen, in Pilslokale, und nebenbei erfahre ich alles über des Prolls reine Seele, über Hartz IV, Nazirock, Deutschlands beste Biersorten und die Wurzel der Gegenwart."[50]

Das war durchaus im Sinne von Fontane gedacht, der im Vorwort zu seinen *Wanderungen durch die Mark Brandenburg* riet:

> Wer in die Mark reisen will, der muß zunächst Liebe zu „Land und Leuten" mitbringen, mindestens keine Voreingenommenheit. Er muß den guten Willen haben, das Gute gut zu finden, anstatt es durch krittliche Vergleiche totzumachen.[51]

Und Uslar hält, was er verspricht, er nimmt teil und beobachtet, und er macht gegenüber den Einheimischen keinen Hehl daraus, dass er eine Reportage über sie schreibt. Er wertet und urteilt nicht, das ist die große Stärke des Buches. Seine Schwäche vielleicht (jedenfalls wurde es ihm zum Vorwurf gemacht), dass er nur bestimmte Personengruppen, Menschen mit überwiegend rechter oder ehemals rechter Gesinnung, zu Wort kommen lässt.

Ein Gegenentwurf, wenn man so will, ist der autobiografisch gefärbte Roman *Als ich mit Hitler Schnapskirschen aß* von Manja Präkels (2017), in dem die in Zehdenick aufgewachsene Autorin schildert, wie nach der Wende aus Bekannten und ehemaligen Schulfreunden Neonazis wurden.

Neben dem Literaturpreis wird vom Bürgermeister der Stadt alle zwei Jahre der Fontane-Kulturpreis der Fontanestadt Neuruppin (2 000 Euro) verliehen. Unter den Preisträgern sind die Jugendkunstschule Neuruppin und das Fontane-Ensemble Berlin (2002), der Förderverein Siechenhauskapelle (2004), die Karl-Friedrich-Schinkel-Gesellschaft (2012), der Verleger und Regionalhistoriker Günter Rieger sowie der Neuruppiner A-cappella-Chor (2016).

Die Künstlergruppe, die namentlich auf den Dichter Bezug nimmt, das Fontane-Ensemble, scheint nicht mehr zu existieren, den letzten Aufführungstermin finden wir im August 2002, als es eine Version von Thomas Manns *Lotte in Weimar* in Lübeck auf die Bühne brachte.

Aktuell ist eine andere Gruppe, die den Namen des Schriftstellers trägt, unterwegs: das Fontane Quartett. Das sind vier Musiker des Deutschen Symphonie-Orchesters Berlin und des Gewandhausorchesters Leipzig, die Kammermusik in ihrer ursprünglichen Bedeutung betreiben. „Wie sich schon in der Namensgebung widerspiegelt, fühlen sich die vier Wahlberliner vor allem der durch das Ineinandergreifen verschiedener Kunstgattungen besonders fruchtbaren Epoche des späteren 19. Jahrhunderts verbunden", hieß es 2018 in einer Konzertankündigung.[52]

Der Berliner Schriftsteller Frank Goyke hat eine Reihe von Theodor-Fontane-Krimis geschrieben: *Altweibersommer. Theodor Fontanes erster Fall* 2008, *Schneegestöber. Theodor Fontane und der Brudermord* 2009, *Nachsaison. Fontane und die Bettler von Neapel* 2010 und *Hundstage. Theodor Fontane und der Tote im Walzwerk* 2013. Ob es nun eine glückliche Idee war, ausgerechnet den Schriftsteller Theodor Fontane als Ermittler von (historischen) Kriminalfällen auftreten zu lassen, muss jeder Leser selbst entscheiden. Fakt ist, dass der „reale" Fontane selbst Krimis schrieb; zu ihnen zählen die Novellen *Grete Minde* 1880, *Ellernklipp* 1881 und *Unterm Birnbaum* 1885.

Bis 2016 lobte die Theodor Fontane Gesellschaft einen „Fontane-Preis für junge Schreibende" aus. Schüler aller Schulen aus Neuruppin und dem Landkreis Ostprignitz-Ruppin sowie aller Fontane-Schulen in Deutschland konnten sich daran beteiligen. Beim Schreibwettbewerb im Jahr 2016 drehte sich alles um das Thema „Briefe" (Fontane war ein ausgesprochen fleißiger Briefeschreiber). Die Schüler waren aufgefordert, einen Brief zum Thema „Es muss nicht immer Birne sein" an Theodor Fontane zu schreiben.

Für 2018 ließ sich das Büro der Fontane-Festspiele etwas Besonderes einfallen: einen Fontane-Song-Contest. Junge Musiker im Alter von 13 bis 20 Jahren waren aufgerufen, einen „Fontane-Song" zu produzieren. „Ihr könnt Zitate oder Gedichte von ihm verwenden, seinen Schreibstil in Eure Strophen einfließen lassen, Fontanes Romane, Romanfiguren, Briefe oder Wanderungen thematisieren, eure eigene Fontane-Lesart einbringen oder auch eure Gedanken und Gefühle beim ‚Fontane lesen' verarbeiten", hieß es in der Ausschreibung. „Bezüglich des Genres, der Länge des Songs, der Strophenanzahl etc. gibt es keine Vorgaben; lasst Eurer Kreativität und musikalischen Leidenschaft freien Lauf. Nur so viel: Der Song soll deutschsprachig sein und vor allem junge Menschen, wie euch, ansprechen." Immerhin 17 Songs wurden von jungen Brandenburger Musikern für den Contest

Die Fontane-Plakette Foto: Peter Bahl, Landesgeschichtliche Vereinigung für die Mark Brandenburg e. V.

eingereicht, am 28. April fand ein Vorentscheid statt und am 19. Mai zu den Fontane-Festspielen stritten die drei Gewinnerbands – Black Sheep aus Potsdam, ESTA Bien! aus Neuruppin und Die Halbstarken aus Angermünde – um die Prämien von 500 Euro für den ersten, 300 Euro für den zweiten und 200 Euro für den dritten Platz.

Eine Fontane-Plakette wird seit 1911 von der Landesgeschichtlichen Vereinigung für die Mark Brandenburg für „langjährige Mitgliedschaft in Verbindung mit besonderen Verdiensten um die Vereinigung"[53] verliehen.

Die Landesgeschichtliche Vereinigung wurde 1884 zunächst unter dem Namen Touristenklub für die Mark Brandenburg gegründet. Erstes Ehrenmitglied war seit 1895 Theodor Fontane. Mit etwa 650 Mitgliedern ist sie einer der größten und ältesten Geschichtsvereine in Berlin und Brandenburg. Ihre wichtigsten Aktivitäten sind die Erkundung Brandenburgs auf Exkursionen und Wanderungen, die Förderung der wissenschaftlichen Erforschung der Landesgeschichte durch Vorträge, Tagungen und Publikationen und die Sammlung von Literatur und Quellen in einem Archiv und in einer rund 60000 Bände umfassenden öffentlich zugänglichen Bibliothek in der Zentral- und Landesbibliothek Berlin. Ferner gibt sie das *Jahrbuch für brandenburgische Landesgeschichte* heraus.

Die Plakette wurde 1911 von Paul Matzdorf, dem späteren Initiator des Fontanegedenksteins in Falkenberg (Mark), gestaltet. Empfänger waren unter anderem Ernst Friedel, der Begründer des Märkischen Museums in Berlin (1912), die Fontane-Forscher Fritz Schmidt (1959) und Hermann Fricke (1965), der langjährige Leiter der Berliner Sektion der Theodor Fontane Gesellschaft Wolfgang Stapp (2007) und Prof. Dr. Hubertus Fischer, Ehrenpräsident der Theodor Fontane Gesellschaft (2019).

SCHIFFE, EIN FISCH, EIN SPORTLICHES EREIGNIS, EIN MINERALWASSER, EINE PLASTIKFIGUR – UND ZWEI RUHESTÄTTEN

Fast kein Bereich, in dem der Name Theodor Fontane nicht Verwendung fände.*

Die „Fontane" ist ein Fahrgastmotorschiff der Weissen Flotte Müritz Erlebnisschifffahrt in Waren (Müritz). Es wurde 1972 in der Karl-Grieseler-Werft in Alsleben/Mukrena an der Saale für den VEB Dienstleistungskombinat Waren gebaut, hat eine Länge von 39,44 Metern, eine Breite von 5,08 Metern und einen Tiefgang von 0,95 Metern. Die Leistung beträgt 250 PS, die maximale Geschwindigkeit 23 Kilometer in der Stunde. Auf dem Ober- und Unterdeck finden jeweils 150 Fahrgäste Platz.

Ihren Kurs nehmen die Schiffe der Flotte – neben der „Fontane" die „Europa", die „Klink", die „Mecklenburg", die „Weißenfels", die „Sonnenschein", die „Diana" und die „Stadt Röbel" – täglich zwischen April und Oktober unter anderem nach Röbel, Rechlin Nord, Malchow und nach Plau am See. „Die Fontane", so die Werbung der Schifffahrtsgesellschaft, „ist bestens geeignet für Firmen- und Familienfeiern, Tagungen, Eventfahrten und natürlich Erlebnisfahrten jeglicher Art."[54] Fairerweise muss ergänzt werden, dass auch die „Blau-Weisse-Flotte" in Waren Schifffahrten auf der Müritz anbietet.

„MS Fontane", so heißt auch ein Motorschiff des Hotels Resort Mark Brandenburg in Neuruppin, das an der Seepromenade vor Anker liegt. Es ist 15,75 Meter lang und 4,80

* Überraschenderweise scheint es heutzutage keinen Menschen zu geben, der Theodor Fontane heißt; im bundesweiten Telefonbuch jedenfalls ist keiner zu finden. Und noch eine Anmerkung: Fontanes Nachname wurde zu seinen Lebzeiten, im Gegensatz zur heutigen Gewohnheit, französisch ausgesprochen, also ohne Endungs-e: „Vónnthan" oder „Fontän".

Oben: Die „Fontane“ im Warener Hafen Foto: Sammlung des Stadtgeschichtlichen Museums Waren (Müritz), 2015

Unten: Die „MS Fontane“ am Ufer des Ruppiner Sees

Meter breit. Bis zu 40 Personen können auf ihm über den Ruppiner See oder nach Boltenmühle schippern.

Bleiben wir am bzw. im Wasser. Im Großen Stechlinsee in Nordbrandenburg entdeckten Biologen 2003 eine neue Fischart. Bislang war bekannt, dass in dem See neben der Kleinen Maräne (Coregonus albula) noch eine zweite Maränenform lebt, die nur im kühlen Wasser in Tiefen unterhalb von zwanzig Metern vorkommt. Die Wissenschaftler Michael Schulz und Jörg Freyhof vom Leibniz-Institut für Gewässerökologie und Binnenfischerei in Berlin konnten nun durch genetische Untersuchungen zeigen, dass es sich nicht, wie bis dato angenommen, um die Quietschbauchmaräne (Coregonus lucinensis) handelt, sondern um eine eigene Art. Diese hat sich vermutlich von der Kleinen Maräne des Stechlinsees abgespalten, indem sie ihre Paarungszeit vom Herbst ins Frühjahr verlagert hat und ihre Nahrung – Kiemen- und Ruderfußkrebse – in größeren Tiefen sucht.

Theodor Fontane zu Ehren, dessen Roman *Der Stechlin* den See berühmt machte, bekam die neue Fischart den Namen Fontanemaräne (Coregonus fontanae). Sie wird zehn bis zwölf Zentimeter lang und vier bis fünf Jahre alt und ist eine von zwölf Fischarten, die nur in Deutschland vorkommen. Die Fontanemaräne ist ein beliebter Speisefisch und wird im Fontanehaus in Neuglobsow serviert.

Am 14. April 2018 fand der traditionsreiche Fontane-Lauf in Rauen zum 38. Mal statt. Rauen liegt auf halber Strecke zwischen Berlin und Frankfurt (Oder) südlich von Fürstenwalde am Fuß der Rauener Berge. Angeboten wurden vom Veranstalter, der SG Rauen 1951 e.V., Laufstrecken über fünf, 15 und 30 Kilometer. Wanderer und Walker absolvierten zehn Kilometer. Gestartet wurde in den Altersklassen Jugend, Juniorinnen/Junioren, Frauen und Männer und Seniorinnen/Senioren. Start und Ziel war die Grundschule in Rauen.

Die 15-Kilometer-Rundstrecke, die ein- bzw. zweimal zu durchlaufen war, führte überwiegend über Waldwege und circa zwei Kilometer über Asphalt. Sie war teilweise bergig –

Vom Stechlinsee auf den Teller: die Fontanemaräne

die Rauener Berge erheben sich immerhin bis 153 Meter – und mit mittleren bis größeren Anstiegen versehen. Den Gewinnern winkten Ehrenurkunden, Wertungen für den Oder-Spree-Cup – das ist eine ganze Laufserie – und Erinnerungsgeschenke.

Sollte man unterwegs einem älteren Herrn mit Stock und Hut begegnet sein, so konnte es sich nur um Theodor Fontane handeln, der tatsächlich 1881 in den Rauener Bergen unterwegs war.

> Alsbald saßen wir wieder in unserem Wagen und fuhren jetzt im Zickzack auf eine sandige Höhe hinaus. An höchster Stelle hielten die Pferde wie von selbst, und Moll, der Kutscher, sagte: „Hier ist es. Dies ist die Schöne Aussicht." […] Der Wagenplatz, auf dem ich saß, gönnte mir einen freien Umblick, und so genoß ich auch eines entzückenden Rundblicks, ein weitgespanntes Panorama. Die Dürftigkeiten verschwanden, alles Hübsche drängte sich zusammen, und nach Westen hin traten die Türme Berlins aus einem Nebelschleier hervor.[55]

Wer einen guten Tropfen Mineralwasser zu schätzen weiß, dem sei der „Fontane-Brunnen“ einer großen deutschen Handelskette empfohlen, abgefüllt am Quellort Kloster Lehnin westlich von Potsdam. Kam er 2011 bei einem Test der Stiftung Warentest noch nicht so richtig gut weg – „Schmeckt leicht fehlerhaft. Wenig Mineralstoffe“ –, so sah 2017 die Sache schon anders aus: Testnote „gut“.

Lehnin beziehungsweise Kloster Lehnin ist übrigens Handlungsort in Theodor Fontanes erstem Roman *Vor dem Sturm*, der 1878 erschien. Der vierbändige historische Roman spielt im Winter 1812/13 zur Zeit der Befreiungskriege. Im Kapitel „Lehnin“ unternimmt eine Gesellschaft von jungen Adligen eine Schlittenpartie von Berlin in Richtung Westen nach Lehnin in der Zauche. Die Fahrt, heute nicht mehr vorstellbar, ging über Potsdam und Werder und dauerte vier Stunden. Nachdem man die Klosterkirche besichtigt hatte, stärkte man sich an einer improvisierten Tafel im alten Refektorium. Freilich wurde hierbei kein Mineralwasser getrunken, sondern Rheinwein „aus grünen Römern“ und Werdersches Bier aus Humpen.

Zum 200. Geburtstag von Theodor Fontane brachte der Playmobil-Produzent geobra Brandstätter aus dem fränkischen Zirndorf bei Fürth einen Playmobil-Miniatur-Fontane mit Hut, Koteletten, Gehrock, Spazierstock und einem Blatt seiner *Wanderungen durch die Mark Brandenburg* in der Hand auf den Markt. Ähnliche 7,5 Zentimeter große Figuren gibt es bereits von Albrecht Dürer, Johann Wolfgang von Goethe und Martin Luther. Der Neuruppiner Bürgermeister Jens-Peter Golde (Pro Ruppin) und Stadtwerkechef Joachim Zindler zeigten sich begeistert. „Die wird auch eine große Zahl kindgebliebener Erwachsener ansprechen“[56], sagte Zindler der *Märkischen Allgemeinen* am 1. Juni 2018 anlässlich der Präsentation des Mini-Fontane.

Wir beschließen die Fontane-Erkundungen mit dem Fontanegrab auf dem Friedhof II der Französisch-Reformierten Gemeinde an der Liesenstraße in Berlin.

Friedhof II der Französisch-Reformierten Gemeinde in Berlin

Der Schriftsteller starb am 20. September 1898 neun Uhr abends in seiner Wohnung in der Potsdamer Straße. Wenige Tage zuvor war er von einer Kur in Karlsbad zurückgekehrt, Emilie Fontane war noch zu Besuch bei einer Freundin in Dresden geblieben.

„Er hatte sich mit seiner Tochter lebhaft unterhalten", berichtete der Notar und spätere Nachlassverwalter Paul Meyer. „Verlangte von ihr einen Likör, den er, wenn auch selten, gern trank. Während sie das Glas holte, ging er in sein Schlafzimmer. Sein langes Verweilen dort beunruhigte sie. Und als sie die Tür öffnete, fand sie den Vater über dem Bett liegend."[57]

Die Beisetzung fand am 24. September unter großer Anteilnahme statt. Viele Freunde und Künstler waren anwesend, eine „unübersehliche Trauergemeinde" (*Vossische Zeitung*)[58], das offizielle Berlin allerdings fehlte. Auch Emilie war nicht dabei, die Kinder befürchteten, sie würde der Anstrengung und den Aufregungen nicht gewachsen sein. Die Trauerrede hielt Pastor Eugène Deravanne.

Die Grabstätte von Emilie und Theodor Fontane

Mein Leben

Mein Leben, ein Leben ist es kaum,
Ich gehe dahin als wie im Traum.

Wie Schatten huschen die Menschen hin,
Ein Schatten dazwischen ich selber bin.

Und im Herzen tiefe Müdigkeit –
Alles sagt mir: Es ist Zeit …[59]

Theodor Fontane (1892)

Die Grabstelle bestand ursprünglich aus zwei Gräbern; Emilie Fontane starb vier Jahre nach ihrem Mann.

Als 1978 der Berliner Feuilletonist Heinz Knobloch nach dem Fontanegrab auf dem Friedhof suchte, der seit 1961 im Grenzgebiet lag und nur mit einer Sondergenehmigung betreten werden durfte, waren die beiden Gräber nicht mehr vorhanden, an ihrer Stelle fand Knobloch nur einen schwarzen Stein und ein Doppelbett für beide Fontanes.

Grabstein von Martha Fontane und K. E. O. Fritsch in Waren (Müritz)

> Ja, fast hätte ich vergessen zu erzählen, das Grab Fontanes ist gar nicht sein Grab. Bei Kriegsende 1945 schlug hier ein Artillerievolltreffer ein im weiten Feld und hat das Grab der Fontanes unwiederbringlich umgepflügt. Das, was heute [1978, R. L.] als Fontanes Grab auf Kosten des Magistrats gepflegt wird, ist ein Kunststück der Friedhofsgärtner und der ersten kulturell bewußten Nachkriegsgeneration,

schrieb der Feuilletonist.[60] Ab 1984 war der Friedhof an bestimmten Tagen wieder für jedermann zugänglich. Vermutlich war der Wunsch vieler, auch ausländischer Fontanefreunde, vor dem Grab zu stehen, so groß geworden, dass die Behörden schließlich nachgaben. Seit 1989/90 ist der ursprüngliche Zustand auf Initiative des Theodor-Fontane-Archivs wiederhergestellt, ein Doppelgrab mit zwei Steinen aus schwarzem Granit. Zudem ist Fontanes Grab ein Ehrengrab der Stadt Berlin.

Das Grab der Fontane-Tochter Martha und ihres Mannes Karl Emil Otto Fritsch befindet sich auf dem Friedhof in der Gievitzer Straße in Waren (Müritz). Zu sehen ist eine schlichte Steinplatte mit der Inschrift „Ruhestätte von Fontanes Tochter Martha 1860–1917 und ihrem Ehemann Prof. K. E. O. Fritsch 1838–1915“.

> K. E. O. Fritsch und Martha Fritsch-Fontane selbst wünschten keine Kennzeichnung der Grabstelle, auch keinen Grabstein. Der damalige Friedhofswärter hat dann selbständig einen Baum auf die Stelle gepflanzt, um eine spätere Wiederbelegung zu verhindern. Erst 1988 kam auf Initiative der Fontane Gesellschaft die Platte auf das Grab. Ob man jetzt dem Wunsch der Verstorbenen widersprechen durfte, war umstritten. Mittlerweile hat man sich an diese Form der Erinnerung „gewöhnt". [61]

In unmittelbarer Nähe des Fontanegrabes in Berlin lädt seit 2012 eine Dauerausstellung in die ehemalige Kapelle des Friedhofs ein. Auf beleuchteten Säulen geben Texte, Zitate und Abbildungen einen Einblick in Leben und Werk des Dichters. Die kleine Ausstellung ist Montag bis Donnerstag von 9 bis 16 Uhr und freitags von 9 bis 15 Uhr geöffnet.

Auf dem Grab sind immer Blumen abgelegt, und gegenüber steht eine schmale Bank, auf der man sitzen kann und lesen, nachdenken, Zwiesprache halten …

Die Fontane-Ausstellung auf dem Friedhof in der Liesenstraße

NACHBEMERKUNG

Dieses Buch erhebt keinen Anspruch auf Vollständigkeit. Möglicherweise habe ich die eine oder andere nach Theodor Fontane benannte Straße, Buchhandlung, Apotheke, Pension etc. übersehen, möglicherweise ist nach Abschluss des Manuskripts die eine oder andere hinzugekommen oder es hat sich Bestehendes verändert. Das ist im Jahr von Fontanes 200. Geburtstag sogar sehr wahrscheinlich. Deshalb bin ich dankbar für jeden Hinweis, der einen „Neuzugang" oder eine Änderung vermeldet.

Und noch eines: Ich habe mich, von gelegentlichen Abstechern abgesehen, auf den Raum Berlin und Brandenburg beschränkt, also den primären Lebens- und Wirkungskreis Fontanes. Das war einfach eine Frage des Umfangs. Trotzdem hoffe ich, dass auch alle Nicht-Brandenburger und Nicht-Berliner Interesse und Freude an dieser Spurensuche haben.

ANMERKUNGEN

1 Theodor Fontane: Wanderungen durch die Mark Brandenburg. Erster Teil: Die Grafschaft Ruppin, Berlin/Weimar 1994, S. 509.
2 Ebd., S. 508.
3 www.johannawirth.de/Freiraumplanung, letzter Zugriff: 02.02.2019.
4 Theodor Fontane: Wanderungen durch die Mark Brandenburg. Zweiter Teil: Das Oderland, Berlin/Weimar 1994, S. 101.
5 Theodor Fontane: Von Zwanzig bis Dreißig, Berlin 2014, S. 69.
6 Theodor Fontane: Wanderungen durch die Mark Brandenburg. Dritter Teil: Havelland, Berlin/Weimar 1994, S. 137.
7 Gabriele Radecke (Hg.): Theodor Fontane und Bernhard von Lepel. Der Briefwechsel, Bd. 1, Berlin 2006, S. 631.
8 Walter Keitel/Helmuth Nürnberger (Hg.): Theodor Fontane. Briefe. Vierter Band: 1890–1898, Frankfurt a. M./Berlin 1987, S. 62.
9 Theodor Fontane: Werke in fünf Bänden. Erster Band: Meine Kinderjahre, Berlin/Weimar 1975, S. 261.
10 Fontane: Von Zwanzig bis Dreißig, S. 124–126.
11 www.gs-theodor-fontane-hennigsdorf.de/seite/63462/theodor-fontane.html, letzter Zugriff: 02.02.2019.
12 www.fontane-klinik.de/ueber-uns/namensgeber-leitbild.html, letzter Zugriff: 02.02.2019.
13 Fontane: Meine Kinderjahre, S. 233.
14 www.maz-online.de/Lokales/Ostprignitz-Ruppin/Eine-neue-Kita-im-Haus-der-Bundeswehr, 23.08.2014, letzter Zugriff: 02.02.2019.
15 Fontane: Briefe. Vierter Band: 1890–1898, S. 742.
16 Gotthard Erler: Emilie und Theodor Fontane. Die Zuneigung ist etwas Rätselvolles. Der Ehebriefwechsel 1873–1898, Berlin 1998, S. 448.
17 Theodor Fontane: Ein Sommer in London, Berlin 1998, S. 49.
18 Fontane: Briefe. Vierter Band: 1890–1898, S. 388.
19 Theodor Fontane: Werke in fünf Bänden. Fünfter Band: Der Stechlin, Berlin/Weimar 1975, S. 7 f.
20 Fontane: Die Grafschaft Ruppin, Berlin 1994, S. 350.
21 *Märkische Allgemeine*, Ausgabe Ostprignitz-Ruppin, 24. Januar 2016.
22 Theodor Fontane: Wanderungen durch die Mark Brandenburg. Vierter Teil: Spreeland, Berlin/Weimar 1994, S. 166.
23 Gotthard Erler (Hg.): Theodor Fontane. Sie hatte nur Liebe und Güte für mich. Briefe an Mathilde von Rohr, Berlin 2000, S. 167.
24 Fontane: Spreeland, S. 260.
25 www.italien-inseln.de/strand-kueste/fontane-bianche.html, letzter Zugriff: 02.02.2019.
26 Theodor Fontane: Gedichte, Berlin 1851, S. 3 f.
27 Fontane: Spreeland, S. 118.
28 Fontane: Gedichte in einem Band, S. 583.
29 Die Grafschaft Ruppin, S. 337.
30 https://gedichte.xbib.de/Fontane_gedicht_Der+Kastanienbaum.htm (Die deutsche Gedichtebibliothek), letzter Zugriff: 02.02.2019.
31 Fontane: Das Oderland, S. 60 f.
32 Erler (Hg.): Der Ehebriefwechsel 1873–1898, S. 449.

33 Erler (Hg.): Briefe an Mathilde von Rohr, S. 193.
34 www.potsdam.de/content/fontane-gedenkbueste-peter-fritzsche-1985, letzter Zugriff: 02.02.2019.
35 Fontane: Gedichte in einem Band, S. 267 f.
36 Fontane: Meine Kinderjahre, S. 120.
37 Joachim Dresdner: Mit Fontane durch Swinemünde, Deutschlandfunk, 4. Dezember 2011, www.deutschlandfunk.de/mit-fontane-durch-swinemuende.1242.de.html?dram:article_id=189862, letzter Zugriff: 02.02.2019.
38 Radecke (Hg.): Theodor Fontane und Bernhard von Lepel. Der Briefwechsel, Bd. 1, S. 81.
39 www.pfh-berlin.de/kinder-und-jugendhilfe/arbeiten-und-lernen, letzter Zugriff: 02.02.2019.
40 Erler (Hg.): Der Ehebriefwechsel 1873–1898, S. 278.
41 Ebd., S. 365.
42 www.stadtentwicklung.berlin.de/bauen/brunnen/de/lic/15.shtml, letzter Zugriff: 02.02.2019.
43 Fontane: Das Oderland, S. 486.
44 Erler (Hg.): Briefe an Mathilde von Rohr, S. 109.
45 www.fontanearchiv.de/ab/wersindwir.html, letzter Zugriff: 02.02.2019.
46 www.holocaust.cz/de/opferdatenbank/opfer/34273-hans-sternheim/, letzter Zugriff: 02.02.2019.
47 www.franzkafka.de/franzkafka/fundstueck_archiv/fundstueck/457318, letzter Zugriff: 02.02.2019.
48 Gisela Heller: Unterwegs mit Fontane in Berlin und der Mark Brandenburg, Berlin 1992, S. 5.
49 www.kulturpreise.de/web/preise_info.php?preisd_id=20329, letzter Zugriff: 02.02.2019.
50 Moritz von Uslar: Deutschboden. Eine teilnehmende Beobachtung, Köln 2010, S. 14.
51 Fontane: Die Grafschaft Ruppin, S. 5.
52 www.mutter-fourage.de/veranstaltungen/veranstaltungsprogramm/event/108-fontane-quartett.html, letzter Zugriff: 02.02.2019.
53 www.geschichte-brandenburg.de, letzter Zugriff: 02.02.2019. Vgl. Peter Bahl: Die Fontane-Plakette: Ein Beitrag aus dem Grenzgebiet von Landesgeschichte und Medaillenkunde, in: *Jahrbuch für brandenburgische Landesgeschichte* 55 (2004), S. 164–205.
54 www.weisse-flotte-mueritz.de/moderneflotte.html, letzter Zugriff: 02.02.2019.
55 Fontane: Spreeland, S. 29.
56 www.maz-online.de/Lokales/Ostprignitz-Ruppin/Neuruppin/Playmobil-bringt-Fontane-Figur-heraus, 4. Juni 2018, letzter Zugriff: 02.02.2019.
57 Heinz Ohff: Theodor Fontane. Leben und Werk, München 1998, S. 426.
58 Theodor Fontane. Leben und Werk, S. 427.
59 Fontane: Gedichte in einem Band, S. 590.
60 Heinz Knobloch: Berliner Fenster. Feuilletons, Halle/Leipzig 1981, S. 291.
61 Auskunft (E-Mail) von Jürgen Kniesz, Stadtgeschichtliches Museum Waren (Müritz), 18. Mai 2018.

ORTSREGISTER

Außerhalb Berlins und Brandenburgs

DER AUTOR

Roland Lampe wurde 1959 in Berlin-Weißensee geboren. Aufgewachsen ist er in Hohen Neuendorf im Kreis Oranienburg (heute Landkreis Oberhavel). Er lebt in Berlin-Wedding.

Regelmäßig schreibt er über Schriftsteller und Literatur in Brandenburg, unter anderem für den *Oranienburger Generalanzeiger*, die *Märkische Allgemeine* und die *Brandenburger Blätter* (Beilage der *Märkischen Oderzeitung*).

Zuletzt veröffentlichte er den Roman *Seitenflügel* (2012), die Gedichte *Gelegentliche Einfälle von Licht* (2014) und drei Sachbücher über bekannte und unbekannte Autoren in Oberhavel (2017).

Weitere Informationen unter www.rolandlampe.de.

1. Auflage 2019

Binzstraße 19, D–13189 Berlin
www.verlagberlinbrandenburg.de

Umschlag: Stephanie Raubach, Berlin
Satz und Gestaltung: Ralph Gabriel, Berlin
Druck und Bindung: Beltz Grafische Betriebe GmbH,
Bad Langensalza

ISBN 978-3-947215-40-9